遊びと合唱・幼児から小学生へ

わらべうたによる音楽教育

本間雅夫／鈴木敏朗・共著

自由現代社

まえがき

　子どもたちは遊びの中で彼等自身の文化を作りだす。その中で、なにが美しいか、なにが正しいかを判断するための基礎的な力が育っていく。この遊びは友だちとの多様な関係の展開だと考えてよい。しかしこれは自然発生的に発達するものではない。教師の透徹した目と行き届いた配慮による指導がなされなければならない。

　そうした文化の一つである音楽は、それが個性的な芸術である前に、自分とまわりの仲間との心のつながりを確かめるきづなでなければならない。そのことがまた、遊びの中でのみ実現されるのだ。しかも、日本語によってのみ人間として発達することができる日本の子どもにとって、そのときの音楽は日本語の自然な節である"わらべうた"でなければならない。

　わらべうたの遊びによって人びとと心がつながり得ることを経験した子どもたちは、自分たちの属する文化の範囲を越えて、より多くの人びとを真に理解するための力を確実に育てていく。単純な中に豊かな内容をもち、ひそやかな響きの中で味わわれるわらべうたの合唱が、そのための多様な学習の始まりとなる。

　自律的な価値が音楽作品それ自体にあると考えぬ方がよい。人びとの心をつないだ音のさまざまな形が、歴史の中でみがかれ、きたえられ、その文化に固有の型が表われ、音楽となる。生れおちた社会に既に存在する文化の型を身につけることによってのみ、人間として発達することが可能な子どもたちにとって、音楽の学習とは、それが人びとの心をつなぐものだという働きの体験と共に、その音としての型を身につけていくことである。

　音楽状況が多様化している中にあるからこそ、人びとの心の底に生き、真に意味をもっている唯一の世界からの出発が必要なのだ。

　この本は、こんな考えからかかれたものである。

二人の著者は1974年から1978年までの4年間、同じ職場——宮城教育大学——にいた。それ以前は、同じ東京にあって音楽教育とわらべうたの問題に大きな関心をもっていながら、一面識もなかった。しかも同じ作曲の道を歩んでいながらである。1974年に始めて出会ったわけだが、すぐに、音楽教育についての考え方が、大筋においてきわめて近いところにあることが確認できた。その後の交流によって、互いは多くのことを学び、考えを修正したり、補強したりする中で、本書はまとめられた。

　文章の主要な部分は鈴木の執筆に基づいて話し合い、加筆訂正した。したがって責任は両者にある。かなり慎重に考え、相当の実践を経たつもりであるが、それでも、いい過ぎた点、足りぬ点などがあるかもしれぬ。大方のご叱正を期待するところである。

　こうして一冊の本として、我われの考えをまとめることができたのは、多くの影響を与えてくれた先輩の研究者や、共に考え、行動してくれた同僚や学生、卒業生たちのおかげである。とりわけ優れた指導力によって実践的に証明してくれた何人かの教師には、心からの敬意と感謝の念を禁じることができない。

　最後に出版にあたって、自由現代社の杉本伸雄さんには、多くの力添えをいただいた。世に出ることになったのは、そのおかげである。

1982年3月

本間雅夫、鈴木敏朗

●もくじ●

幼い子どもの音楽教育の実際――――10
　　　　　　　　　鈴木敏朗
1　明確であること
2　好意は過剰に
3　否定は現場で短かく
4　ぴったり賞める
5　子ども関係を急がない
6　担任は一人
7　生活の世話はほどほど
8　集団の規模はある程度必要

3歳児のカリキュラム――――――12
　　　　編作曲　鈴木敏朗
1　よいこ　12
2　せんぞやまんぞ　13
3　おふろはいいな　15
4　ひふみよ　17
5　ゆっさゆっさもものき　18
6　りんごのほっぺ　19
7　つんつんつくし　20
8　でーろ　21
9　ねずみのは　22
10　とんぼ　23
11　はち　24
12　おんがめ　25
13　おおやまこやま　26
14　おさらのうえに　28
15　あしがつめたい　29
16　かぼちゃがめだした　30
17　かたてでいくつ　31
18　いっぽんばしわたれ　32
19　ちゅうちゅうちゅう　34
20　かりかりわたれ　35
21　からすからす　36
22　こんこんさん　37

4歳児のカリキュラム――――――38
　　　　編作曲　鈴木敏朗
1　ねんねんねまや　38
2　うまがはしれば　40
3　おおかぜこかぜ　41
4　ちいさいなみきえろ　43
5　いじわる　44
6　みたらみみずく　45
7　おこればいもむし　47
8　だんごをたべた　48
9　こどものけんか　49
10　どうちんどっこい　49
11　すっかときって　50
12　うさぎうさぎ　52
13　だいぼろつぼろ　53
14　おにぬけまぬけ　54
15　おみやげみっつ　54
16　あさがおえ　55
17　ちゅうちゅくねずみ　56
18　とんがりやま　56
19　あかおにあおおに　57
20　とんびとんび　59
21　いっぴ　59
22　かわのきわの　60
23　くまさん　60

24　おててつないで　62
　25　ひとまねこまね　62

5歳児のカリキュラム———64
　　　　　編作曲　鈴木敏朗
　1　おでんでんぐるま　64
　2　まわるまわる　65
　3　めんたまたって　66
　4　えびすだいこく　66
　5　おちゃをのみに　67
　6　じごくごくらく　68
　7　さらばたし　68
　8　ばんけふきのとう　69
　9　うちのせんだんのき　70
　10　うちのこんぺとさん　72
　11　やまのほそみち　73
　12　ひいふうみっか　74
　13　あめかあられか　74
　14　まめがら　75
　15　ひとやまこえて　76
　16　じゃんけんほかほか　77
　17　ほうずきばあさん　78
　18　はないちもんめ　79
　19　あぶくたった　80
　20　ぼうさんぼうさん　82
　21　ことしのぼたん　84

わらべうたを素材とする音楽教材———86
　－幼児から小学生へ
　　　　　　　　本間雅夫
　わらべうたによる音楽教育小史　86
　1　当初から状況は複雑

　2　当時の具体的方法とは
　3　二本だて方式という混乱
　4　音階研究
　5　コダーイ・システム
　6　カール・オルフのシステム
　7　教科書に登場
　8　遊びが登場する
　9　集団を視野に
　10　結びにかえて

教材集———93
　　　　　　　本間雅夫編
● 交互唱
　1　○○ちゃん　94
　2　ちいさいなみ　94
　3　ねむれねむれ　94
　4　おんがめ　94
　5　おたまじゃくし　94
　6　ふねのせんどさん　95
　7　てるてるぼうず　95
　8　むすこのあわてもの　96
　9　こんこんこんぺいとう　96
● かけ声　あいの手
　1　いっぽんばし　98
　2　はち　98
　3　つぼどん　99
　4　はちがさした　100
　5　つくつくほう　100
　6　けむけむ　100
　7　からす　101
　8　おひさまこさま　101
　9　あさどり　102

  10　お正がつァ　*102*
  11　あまのじゃく　*103*
  12　けちんぼ　*103*
  13　おんばあこっくり（Ⅰ）　*104*
  14　かんちゃん　*104*
  15　あのやまかげに　*105*
●オスティナート
  1　ねんねこや（Ⅰ）　*106*
  2　おまつり　*106*
  3　うちのばさまはもちがすき　*107*
  4　からすホイ　*108*
  5　ひとりきな　*108*
  6　しいほいわあほい　*109*
  7　いちざいもんが　*110*
●カノン（輪唱）
  1　おせおせ　*112*
  2　おたまじゃくし　*112*
  3　かえるのよりあい　*112*
  4　なぜはたけは　*112*
  5　ないしょばなし　*112*
  6　まめがはねた　*112*
  7　おむかいさん　*113*
  8　おかご　*113*
  9　なんだらぼう　*113*
  10　たんぽぽ　*113*
  11　いとぐるま　*113*
  12　あられやこんこん　*114*
  13　えびすさあ　*114*
  14　あかとんぼ　*114*
  15　ひとりくりゃ　*114*
  16　ひとくちきけば　*114*
  17　あめこんこん　*115*

  18　おんばあこっくり（Ⅱ）　*115*
  19　ねこじゃ　*115*
  20　いまないたからす　*115*
  21　しょうがつ　*116*
  22　あめたんぼ　*117*
  23　きつねのおよめいり　*117*
  24　げっくりかっくり　*118*
  25　たなばた　*119*
  26　ねんねこや（Ⅱ）　*119*
  27　ひとつひよこが　*120*
●ユニゾンから四度へ
  1　ねずみのは　*121*
  2　ゆうやけこやけ　*121*
  3　ぼん　*121*
  4　たこたこ　*121*
  5　ありがとう　*122*
  6　びっきのよりあい　*122*
  7　ほうれんそう　*122*
  8　ほたるコ　*122*
  9　からすかあかあ　*123*
●自由な対旋律
  1　ゆきやコンコ　*124*
  2　おゆきがつもれば　*124*
  3　おんばあこっくり（Ⅲ）　*124*
  4　みたらみみずく　*125*
  5　ひらいたひらいた　*125*
  6　みかんきんかん　*126*
  7　どうどうめぐり　*126*
  8　だるまさんがそろった　*127*
●三声合唱
  1　ねんねこや（Ⅲ）　*128*
  2　すずめのよりあい　*129*

3　なつみ　*130*
　4　ひらいたひらいた　*131*
　5　おんばあこっくり（Ⅲ）　*132*
　6　かりかりわたれ　*134*
　7　おしあいこんぼ　*135*
　8　はなのの　ののはな　*136*
　9　ひいのふ　*137*
　10　ひとりでこい　*137*
　11　あんたがたどこさ　*138*
　12　ひとつひろったまめ　*140*
　13　ねんころろ　*142*

わらべうたによる音楽教育の理論的根拠――*146*
　　　　　　　　　　　　　　　鈴木敏朗
（1）　音楽的諸活動の前提　*146*
　　1　多様であってよいか
　　2　母語はひとつ
　　3　音楽への前提
（2）　美的体験への前提　*150*
　　1　内側の世界
　　2　危険な受けとめ方
　　3　美的体験への前提
（3）　情操への前提　*154*
　　1　人間関係の暖かさ
　　2　対等な世界
　　3　情操への前提
（4）　音楽作品への前提　*159*
　　1　あらゆる領域が孤立する
　　2　音楽も内部分裂する
　　3　音楽作品への前提
（5）　子どもは子どもである　*163*
　　1　極性の衰退
　　2　子どもは制限されている
　　3　子どもは子どもである

わらべうたによる音楽教育とクラス集団――*168*
　　　　　　　　　　　　　　　鈴木敏朗
（1）　同年令集団　*168*
　　1　兄弟と地域集団について
　　2　子ども集団と児童文化
　　3　わらべうたと同年令集団
（2）　子どもの生活の場　*171*
　　1　生得的規定
　　2　集団の規定
　　3　子どもが主導権をもった生活
（3）　器楽合奏について　*173*
　　1　幼児は楽器遊びが好きか
　　2　協力が身につくか
　　3　現寸大の世界
　　4　分折と総合

幼い子どもの音楽教育の実際────鈴木敏朗────────10

３歳児のカリキュラム────────────編作曲・鈴木敏朗──12

４歳児のカリキュラム────────────編作曲・鈴木敏朗──38

５歳児のカリキュラム────────────編作曲・鈴木敏朗──64

わらべうたを素材とする音楽教材──本間雅夫──────86
　　─幼児から小学生へ─

幼い子どもの音楽教育の実際

鈴木敏朗

はじめに

　以下に、三歳、四歳、五歳の三年保育における具体的指導のカリキュラムをあげる。具体的指導法やねらい等は、その都度、くり返しを避けることなく詳述した。しかし、これはあくまでも目安であり、それぞれのクラスの状況や地域の特質に合わせ、年令にこだわらず、選択編成されてよいものである。
　以下、実践にあたっての一般的留意事項をいくつか上げておく。

1　明確であること

　曖昧であることは最悪である。間接的いいまわしや、うながしなどが、この曖昧さの因になることが多い。
　〈優しいことは易しいこと〉なのである。よいのかだめなのか、教師が気に入ったのか入らぬのか、快なのか不快なのか、どうせよといっているのか、全て明確にする必要がある。表情すら、快、普通、不快をはっきりさせる。

2　好意は過剰に

　媚びるような調子のもってまわったいい方が愛情を伝えてると思うのは間違いだ。愛情ははっきり伝えるべきだ。だが、たんに〈あなたが好き〉〈みんなが好き〉といっても、伝わらぬ。まったくいわぬより増しな程度だ。
　個別的に、具体的な遊びなどと共に、そっと伝えるのがよい。技巧的である必要もあるのだ。

3　否定は現場で短かく

　だめは、子どもの中にはっきり通らねばならぬ。それにもかかわらず、一般に禁止を恐れ、長広舌のあと〈お約束〉をするのが好きだ。これは最悪である。
　現場で〈だめ〉〈やめなさい〉とはっきりいうのがよい。問答無用の問題が多いことも、同時に心得ておくべきであろう。

4　ぴったり賞める

　当人がここぞと思っているところで賞められると、効果的だ。これは多少長く、過剰でもよい。

よいことだと、因果関係なども把え易い。

5 子ども関係を急がない

二人がただ共にいるだけでも〈仲よしね〉と声をかけるがよい。教師－子どもが安定すれば、教師の示す価値が少しずつ具体化する。その都度、評価すればよい。

子どもに役割を与えた組織化をあせるのは、最もよくない。

6 担任は一人

世話するものがくるくる変ると、問題はいろいろ生ずる。子どもは、他でもない特定のその教師と個別具体的関係を結び、それを基盤に、子ども－子どもへ広がっていくのだ。

担任が一人でなければ、認知も、感情も、そして人格全体も、望ましい発達を妨げられる。

7 生活の世話はほどほど

便所、手洗い、着がえ、生活の世話はほどほどにする。世話を焼かれ過ぎた子どもは、他の子どもとの間に交流がうまくつかなくなる。クラスが新しい展開をすればするほど、世話を焼かれた子どもは不機嫌になる。

何よりも、自分でできるということが、嬉しいのだ。

8 集団の規模はある程度必要

かつて、人びとは所属集団における位置で、どうあるべきかが決っていた。他からの見られ方も、固定的であった。そこでは、個は、定められたわく組から限度を越えてはみ出すことはできなかった。多様な個の形成など、望むべくもなかった。

今、他からの見られ方を貧しいものにし、各個の位置を固定し、同様のことをもう一度くり返そうとするのであろうか。そうでないなら、成員の位置や、他からの見られ方に柔軟性と多様性のある、複雑な相互交渉の可能な規模が、集団になければならない。

3歳児のカリキュラム

編作曲・鈴木敏朗

1 〔よいこ〕

よいこ よいしょ だっこして　よいこ よしよし ねんねしな

進め方

　いすに円形にすわる。教師も円の一員となり、子ども用のいすにすわる。

　左右どちらでもよいが、教師のとなりの子どもを呼び、前に出てきたら、両ひざにまたがらせ、向い合うようにだく。

　子どもの顔を胸にだくように背中に手をまわし、拍で前後にゆすりながら、ゆっくりうたう。

　うたい終ったら、子どもの耳もとで次のようにささやく。

「とってもいい子だね」

「先生は、あなたが大好きだよ」

「先生のこと好きになってね」

「自分のいすにちゃんとすわってなさい」

　こうして、子どもをおろす。子どもは自分の席に帰ってすわる。そこまで見とどけてから、次のこどもを呼び出す。

　二人目も同様に行なう。

　他の子どもが待っていられなくなったら数人でやめてもよいが、三歳児の四月初日に、三十人終了するまできちんとできた例がいくつもある。

ねらい

　母─子の依存関係が十分満たされている子どもについては、その関係の上に、教師─子どもの信頼関係を作る。母─子の関係が不十分な場合は、それを補うために教師─子どもの依存関係を作る。

　この関係は、いずれも依存関係であって、対等な関係ではない。

　また、愛情は、はっきり伝えることが大切で、身振り、しぐさ、表情などでわかっている筈だなどと考えることは禁物である。

音楽的な内容

　さまざまな理由で、初期依存関係が一定限度を越えて不十分な場合、精神が眠ったままになるといってもよい状態となる。この場合は、覚醒させるための治療が必要な病いであり、より原始的な荒々しい接触を行なったりすることがある。

　わらべうたを用いた接触とコミュニケーションは、もっと洗練された技巧的なものであり、上記のような場合には適さない。

　しかし、普通の場合であれば、三歳ともなると、洗練された技巧的な方法を十分受け入れるし、逆に、原始的な荒々しい接触は不適当である。こうして、音楽の最も重要な働きの一つである愛情を伝える働きが、機能することとなる。

　したがって、大切なのは行なうことであって、教師の歌唱における水準は、その次に問われることになる。音痴だということを理由に、他の教師にまかせたり、行なわなかったりすることが、最もよくない。

　以上の前提の上に、静かな、囲りの子どもにやっと聞こえる位の音量で、口をはっきり開け、よいことばでうたう。こういったいくつかの経験から、子どもは、音楽の文法ともいうべき基本的な構造を内在化させていく。

2 〔せんぞやまんぞ〕

進め方

　〔よいこ〕が一わたりまわったところで、次は、やや短かい歌を用いる。一日目にまわってしまったら、二日目がこれでもよい。

　隊形は、教師も含めて円形で、いすにすわる。教師のいすは、特別のことわりがない場合は、いつも子ども用のものである。

　教師のとなりの子どもから呼び出す。前に立ったら、両ひざにまたがらせ向い合いにすわらせる。両わきの下をしっかりだいて、拍で前後にゆすってやりながら、ゆっくりうたう。

　うたい終ったら、子どもの耳もとで次のようにささやく。

「泣かなくっていいね」
「にこにこしてていいね」
「元気でいいね」
「いすにちゃんとすわっててていいね」
　いろいろあると思うが、最も適切なことばを一つ見つける必要がある。
「先生のこと好きになってくれた？」
　肯定の場合は、次のようにいう。
「ありがとう」
　これは嬉しそうにいわねばならない。
「先生もあなたが大好きだよ」
　否定の場合は、次のようにいう。
「でも、先生はあなたが大好きだよ」
「こんどは好きになってね」
　最後に、次のようにいう。
「自分のいすにちゃんとすわっていなさい」
　こうして、子どもをおろす。子どもは自分の席に帰ってすわる。そこまで見とどけてから、次の子どもを呼ぶ。
　呼ばないうちに出てくるようだったら、すわって呼ぶまで待つようにいう。
　〔よいこ〕の場合より多くの人数をまわる間、待っていられるようになっていなくてはならない。

ねらい
　教師―子どもの良好な関係を作り、そこで情緒的刺激を受け入れることができるようにする。

音楽的な内容
　先に述べたように、こんな小さな歌であっても、接触の方法としては、洗練された技巧的なものである。これが、教師―子どもの関係の中で情緒的刺激として働けば、音楽的なねらいは十分達せられたと考えてよい。
　子どもは不思議なもので、接触の形としてはまったく同じものでありながら、歌が変っただけで、別のものと受けとる。したがって、歌を変えていくことでこの形の接触を続けていくことが、接触を質量ともに満足させるものとなる。

ここで一つ、次のようなことに気をつける必要がある。

四歳男児が入園早々登園拒否をした。幼稚園で折り紙をした時、自分では失敗したと思ったのに先生が賞めたからもう行かないというのである。それを聞いた母親が幼稚園の教師に話したところ、教師は子どもに、あなたにとっては失敗でも、みんなよりきちんと折れてたから賞めたの。でも今度からは、自分でどう思っているかちゃんと聞くね。こういってあやまったそうだ。子どもも母親も、そして教師も立派なものである。問題はこれで解決したそうだ。

幼児教育の識者と称せられる人びとは、一様に叱るより賞めろという。しかし、叱るべきところで叱り、賞めるべきところで賞めるのが大切なのであって、ただ賞めればいいというものではない。

何がいい子であるというか、普段の子どもの様子から、子どもも納得するものを選ばなければならぬ。

教師に必要なのは、子どもの様子からその内側を察することのできる鋭い感性であって、鈍感であることは、何よりも悪い。しかも、およそおとなは、子どもの心に鈍感であって、教師もその例外ではないようだ。

このことばの選択を誤ると、ことばまでが体験から宙に浮いたものになってしまい、音楽も、その情緒刺激としての良好な働きを失なってしまう。

鈍感の例は、後になってもう少しあげてみることとする。

3 〔おふろはいいな〕

進め方

〔せんぞやまんぞ〕で、教師－子どもの間に少し距離を置いたが、〔おふろはいいな〕では、再び〔よいこ〕の場合と同じようにだいてやる。

〔せんぞやまんぞ〕が一わたりまわったところで、この遊びに移る。一人ずつ呼びだすのは、これまでと同様である。

拍で、教師のからだごと前後にゆすってやりながら、静かにゆっくりとうたう。

うたい終ったら、子どもの耳もとで次のようにささやく。
「元気ですか？」
　かすかに首を振ってうなづくのを敏感に感じとってやらなければならない。
「よかったね、とっても嬉しいよ」
「先生はあなたのこと大好きなんだもの」
「あなたは、先生のこと好き？」
　前に、まだ好きだといってない子どもに対しては、別のいい方をする。
「先生のこと好きになってくれた？」
　このあたりで、全員が肯定しないようだと、普段の保育に少し問題があることになる。また、頑固に一人の子どもが否定しつづけたら、それは、いわば難しい子どもなので、気をつけて、特別に方法を講じなければならない。
　初期関係が不十分と見られる場合は、日常も、いろいろな興味がなくぼんやりしている。この場合は、根気よく愛情をはっきり表わしてやることが必要だ。
　初期関係が多少こじれているように見える場合は、日常も、むら気で意地っ張りの様子があったりする。この場合は、決断が必要となる。
　肯定されたら、喜びを示す。
「ありがとう」
「席に戻って、きちんとすわっていなさい」
　要求をはっきり指示することが大切である。子どもの成長には、何より曖昧でないということが大切で、優しいということは易しい、つまりわかり易いということだと覚えておいて間違いない位である。
　次の子は、これまでと同様に呼び出す。

ねらい
　このあたりで、もう子ども達全員が教師を好きだというようにさせる。
　認知と感情が一体のものだというのは、いうまでもないことである。学習を進める基盤は、教師―子どもの関係から、良い情緒刺激を受けることにあるといってもよい。先生が好きだからやるというのは、決して悪いことではない。それどころか、それこそが好ましいことなのだ。もし、教えれば覚える。教え方さえ良ければ学習するという誤解があったなら、早く、正さなければならない。

音楽的な内容

　教師が子ども一人ひとりを呼びだすのは、その方が、自分に向ってやってもらっているという感じが強くなるからである。ゆったりと落ち着いた雰囲気の中で進めるためには、教師は、立ったりすわったりしない方がよい。

　音楽の働きは、うたいかけること単独にあるのではなく、だく、ゆすってやる、愛情をはっきり伝える、要求をきちんと伝えるなどと一体になってある。したがって、自分が前もって何回もうたっておくことは必要だが、現時点での音楽技術上の不備にこだわる必要はない。

　はっきりと、静かにうたい、動作が拍に合っていることが肝要である。そしてこれは、最高の鑑賞でもあるのだ。

4　〔ひふみよ〕

進め方

　扇形にすわってみるのもよい。この場合、事前にいすを並べて置いてやる。扇形の場合は、教師は、子どもたちと向かい合うようにしてすわる。

　一人ずつ呼ぶ。左右どちらのはじからでもよいが、真中から任意に呼ぶのはよくない。はじからの順番は受け入れるが、真中から呼ぶと、特別な意味を持ってしまう。

　背を伸ばし、姿勢よくすわった教師の前にたたせ、子どもの右手のひらを上に、教師の左手で受けるように握る。そして、右人差指で、拍に合わせ軽く子どもの手のひらをつっつく。歌は全員に聞こえる程度にうたう。

　終ったら、教師の右手を合わせるように子どもの手に乗せてはさみ、次のようにいう。

「元気ですか」
「そうよかったね、元気で嬉しいでしょ」
「先生も元気だよ」
「さあ、席に戻って、きちんとすわってて」
　二人目以下も同様である。

ねらい

　教師と子どもの目が合うようにする。他の子どもは、やっているところを見ていなければならない。しかし、これは、見ていなさいと要求するものではなく、教師―子どもの関係がよければ、興味をもって見ているものである。

　自分の番が待ち遠しいような様子が見えるようであるとよい。

音楽的な内容

　だく、ささやくなどがなくなったことによって、接触は、より音楽に比重のかかったものとなる。

　前回の〔おふろはいいな〕で、子どもたちが全員教師を好きだと答えたなら、ここからは、週に一つ位ずつ進めていくようにしてよい。そして、この間のあくことが、接触をより音楽に比重のかかったものにする。

　また、このあたりから、教師のうたうのを聞いて覚えるようにもなってくる。どの位覚えるかは、教師に対する興味、関心、いいかえれば、肯定的感情の強さによる。一緒にうたうようなことがあっても、気にしない。ときには、全員でうたいながらやってもよい。

　ここに用いられた歌は、七小節から成っているが、気をつけてうたってみると、うたい終った後、記譜された一拍の他にもう二拍休みのあることが感じられる。前半の四小節に後半が呼応したわけだ。そこで、終ってすぐ次の動作に入るのでなく、感じられる休みの間、じっとしていることが大切である。

5　〔ゆっさゆっさもものき〕

進め方

　扇形に子どもをすわらせ、教師はそれに向かい合うようにすわる。前回の〔ひふみよ〕と同じく、あらかじめいすを並べておく。

　はじから一人ずつ呼び、向かい合って立たせ、両手を教師の両手でとって、拍で左右に振りながらうたう。

　終ったら、手をしっかり握ってやり、次のようにいう。

「幼稚園はおもしろいですか」

　肯定的な答えが引きだせそうなときに聞くのだが、否定の場合は、その場はそのままにしておいて、それとなく理由を探って解決しなければならない。
「そう、よかったね」、あるいは「それじゃおもしろくしなくては」
「ちゃんとすわっててね」

　二人目以下も同様である。

ねらい

　教師と子どもの目が合うようにする。他の子どもは、やっているところを見ていなければならない。〔ひふみよ〕同様、これは、要求するものではない。

　姿勢がいいというのは大切なことだ。足を床にそろえてつけ、手をひざに、背を伸ばす。これを教えておいたら、時おり、足とか、背中などと、短かく注意して、よい姿勢をとらせるようにする。しかし、見ている子どもが硬直してしまっては具合が悪い。思い出したように姿勢を正す程度でよい。

音楽的な内容

　教師は、口をはっきり、軽く静かにうたい、子どもは、顔をみている。腕はゆるやかに振り、一拍で振り出したのが二拍目では反動の感じで戻り、逆に振れるというようにする。

　覚えてうたうようになっても、そのままにしておく。

6　〔りんごのほっぺ〕

進め方

　教師も一緒に円形にすわる。左右どちらからでもよいが、自分の隣の子どもから順に呼び出す。呼ばれた子どもが、前にきちんと立ったら、両ひざをまたぐように向かい合わせにすわらせる。

　ほほを軽く拍で打ちながら静かにうたう。二小節毎に打つ場所を変えてもよい。打つのは片手で、他方の手は子どもの背中にまわして支えている。

　歌が終ったら、次のようにいう。

「病気をしていませんか？」

　肯定の場合は喜びを述べるだけでよいが、否定の場合は、「早くなおるといいね」などといってやる。

「幼稚園はおもしろいですか？」

　肯定の場合は喜びを述べてやればよい。否定の場合は、この場はそのまま終わりにして、後に、できるだけ早く原因を探って、対処する。

「大好きな○○さん、席に戻って、きちんとすわっていなさい」

　こういって子どもをおろし、帰す。戻ったのを確かめてから、次の子どもを呼びだす。

ねらい

　教師－子どものきずなが強くなると、相手に向かっての行為の外見より、動機が問題となってくる。好意が動機であれば、ほほを打つという、外見からは悪意と見られるような行為も、その刺激がより強い好意として受けとられるようになる。

　五歳児の例であるが、「いい子」といって尻をたたかれるのと「悪い子」といって頭をなでられるのとでは、前者の方が圧倒的に要求される。しかし、このような方法は、三歳児には無理である。

　見ている他の子どもの注意の方向や姿勢については、ときどき短かく、たとえば「足」などのように指摘する。あまりたびたびではいけないし、前にも注意したでしょうなどというのは禁物である。

　こうして、教師－子どもを、より一層強く結びつけるようにする。

音楽的な内容

　これまでの場合と同様であり、新しくつけ加えるものはない。

　しかし、いま、子どもにしてやっているその行為、その関係が、音楽の内容となっていくことに、いつも注意していなければならない。

7 〔つんつんつくし〕

進め方

　円形にすわる。一人ずつ子どもを呼び、両脚の間に子どもの方を向いて立たせる。両側から両腕をとり、子どもにこぶしを作らせる。そのこぶしを上下に軽く拍で打ち合わせながらうたう。全体に聞こえる位の音量でうたう。

　最後の休符で両こぶしを上下につけ、しばらくしてから、ぱっと離し、「あっここをついだ」という。子どもの背後からするわけだ。

　二人目以下も同様にする。

　全員がうたいだしたら、一緒にうたいながらやる。

ねらい

　全員でうたいながら同じしぐさをする遊びのための準備段階にも入る。この頃までには、注意の方向や、共に体が動いてしまうなどで、全員が参加する様子をみせるようになっていることが大切である。

音楽的な内容

　これまでのことに加えて、打ち合わせる拍が、軽くはずんでいることが重要。

8 〔でーろ〕

進め方

　両こぶしで拍によるひざ打ち。末尾の"ろ"で両親指を立てる。この最後の拍もきちんとひざを打ち、反動で上にくることが大切。

　これを、一回手本として行なう。"でーろ"はかたつむりのことであると簡単に教え、再び手本を示す。このとき、子どもは、じっと見ていることが重要。

　教師の手本と子どものしぐさ、教師の軽いしぐさとうたい方を反映するようなうたの練習、そして、みんなでの十分な遊び、この順に行なう。

　高い声（イ〜ハ）で赤ちゃんの"でーろ"、低い声（ハ〜ホ）でお父さんの"でーろ"などと遊ぶのも、後になると面白い。

ねらい

　教師ー子どもの関係が十分であれば、参加しない子どもはいないはずである。

全員がうたい、しぐさをすることが重要。

　声は、口をはっきりあけ、どならないこと。

　教師の手本を受け入れる姿勢が整えられていることも大切である。これまでに、そのことを十分要求しておかなければならない。

　親指を内側に握ると、末尾で立たないので注意。

音楽的な内容

　子ども同志の関係というよりは、教師―子どもたちの関係で、同じ遊びをするというのが中心である。

　その中で、静かな声で、軽く、口をはっきりあけてうたうことを、きちんと要求する。

　しぐさの拍は、あまり強調する必要はない。もし合わない子どもがいたら、今後、それとなく教師が手をとってやってやる。

　後になって、どういう友達と、どういう状況でうたったかということが、だんだんと音楽の内容になっていく。

　末尾の"ろ"が強調されないうたい方が大切である。

9 〔ねずみのは〕

進め方

　両こぶしを胸の前で振り、末尾の"ろ"でその手を開く。〔でーろ〕と同様、末尾の"ろ"が強調されないうたい方が重要である。また末尾の手を開く動作も、それまでの拍の上下と変らぬものである。

　円形にすわった中で、子どもたちは姿勢を整えて教師の手本を受け入れる。遊びを覚える過程は、子どもがあきない範囲で、ていねいに行なう。

　子どもたちの遊ぶときの開始の合図である。教師間で、事前に十分練習しておかないと、なかなか難しい。

　この合図に従って、十分に遊ぶ。一回毎に、その都度、開始の合図をする。

ねらい

　〔でーろ〕とまったく同じである。共にするしぐさも二回目になると、子ども同志が互いに見かわすようになっているとよい。

音楽的な内容

　〔でーろ〕と同じ。開始の合図のテンポを受けて始まるよう、教師の手本がきちんとしていなくてはならない。

10 〔とんぼ〕

進め方

　右人差指を出し、腕全体で拍を上下に振る。はずんで振ることが大切。

　覚えるまでの進行は、〔でーろ〕〔ねずみのは〕と同様である。必ず円形で行なうことが大切。

　開始の合図を用いて十分遊ぶ。

ねらい

　〔でーろ〕〔ねずみのは〕と同様だが、遊んでいるとき、子ども同志互いに見かわしているかどうかに注意する。

　円形に集まることについてだが、子どもたちは次のようにいう。

1) みんなが真中だ。
2) からだを曲げなくても話してる人が見える。
3) みんなが見える。
4) 真中がみんなの広場みたいだ。
5) 休みなんかがすぐわかる。

　だいたい同じようなことだが、絵本を読んでもらうなどの時以外は、円形に集まるのが好きだ。

　教師の鈍感さについてだが、円形に集合させると、教師がおしつけているようだと、真面目な顔をしていった者がいる。子どもの「みんなが真中だ」という受けとめ方を感じることができないのだ。

音楽的な内容

これまでと変るところはない。

11 〔はち〕

は ち は ち ご め ん だ お い ら ま だ あ か ん ぼ

進め方

再び、初めの頃の教師がしてやる遊びを行なう。円形に集め、一人ずつ呼びだし、前に向かい合わせに立たせ、拍でひたいをつきながらうたう。つく場所ははほでもよい。

うたい終ったら、次のようにいう。

「元気ですか？」

「よかったね。幼稚園はおもしろい？」

「先生も楽しいよ。仲良しはいるの？」

「そう、一緒に遊んでるの」

「席に戻って、きちんとすわっていなさい」

戻ったのを確かめてから、次の子どもを呼び出す。

ここでは、時折、ぼんやりしている子どもや、著しい姿勢の乱れを注意することが大切である。この注意は、たまに、しかも短かく。

ねらい

教師―子どもの関係がいいと、相当荒っぽいしぐさも受け入れ、喜びとすることができる。はちがさすというこのしぐさが、どのように受けとめられるだろうか。嬉しそうであればよい。

このことを通じて、再び、教師―子どもを強く結びつける。

音楽的な内容

教師の鈍感さは、子どもの表情の読みとりばかりでなく、自分についてもそうである。

一人の子どもが、どうしても幼稚園をいやだという。他の全員が面白いというのに。ついに、他の教師をわずらわしてまでして聞き出したところ、先生が

こわいというのである。聞きだした方の他の教師は、怒るという点では数等倍こわい。私の方がこわいでしょと聞いたら、だって先生のは短かいもん、しまったと思ったら終わりだもんという。それじゃ、あなたの組の先生は、と聞くと、長いの、だからいやなの。

これを、当該クラスの他の子どもにも確かめたところ、ほとんどが、長くていやなときあるよという答えであった。自分が、そんなにながく説教しているなど、気がつかなかったそうだ。それからは気をつけているが、ふと気がつくと、長くなっているという。

実は、こんな日常の関係が、音楽の内容を規定してしまうのである。音楽それ自体が、何か強力な特別の力を持っていると思うのは危険である。

教師ー子どもの関係が、音楽の内容になっていくのだから、その良い関係は、日常からつけておかなくてはならない。

12 〔おんがめ〕

進め方

　胸の前で両腕を鎌のようにして手のひらを向かい合わせ、拍で上下に振る。

　この遊びを、〔でーろ〕などと同様にして教え、十分に遊ぶ。

　このあたりから、時には、以前にやったものを前後に入れていって、一回の課業を構造的に組むようにしていくとよい。

ねらい

　人間関係から情緒的刺激を受け入れることが重要だとは前述した。過去の人間関係やまた生れつきの問題もあるらしく、これの弱い子どもがいる。こういった子どもは、なんとなくぼんやりしてしまう。

　このぼんやりは、大方の保育例が示すような仕方でほっておいてはならない。知能の発達にまで大きな遅れとなって影響してしまう。しかし、そうだからといって無理に強制してもなおるものではない。なんとか、子どものそういった力を覚醒させてやることが必要なのだ。

教師―子どもの関係を十分に扱ってきたのはそのためだが、全員に一様では不十分な場合もある。また、保育自体がどうも矛盾していて、そこから、子どもが不安になっていく場合もある。

このあたりで、もう一度、そのことに目を配っていくことが大切である。

また、人間関係の内容から来ると思われるのだが、妙にふざけたりする子どももいる。これは、教師―子どもの関係さえよければ、厳しく要求することができるし、そのことによって、なおすことが可能だ。

このあたりにも、目を配っておく。

それ以外については、〔でーろ〕などと変らない。

音楽的な内容

音楽の基本は、合うというところにある。子どもたちにとって重要なことは、子ども同志が聞きあって合わせるということである。しかし、このことを、ここで強調することはまだできない。したがって、子どもの注意が、教師か、子ども同志かという点に目を配って、お友だちのを見てみましょうぐらいの声をかけることに止めておく。

その他は〔でーろ〕などと同様である。

13 〔おおやまこやま〕

進め方

円形にすわり、一人ずつ呼び出す。この形は、これまでの教師―子どもの遊びと変らない。両ひざをまたいで向かい合わせにすわらせ、左手で背中を支え、右手でしぐさをする。

右まゆ二回、左まゆ二回、鼻四回、上口唇二回、下口唇二回、以上を拍で人差指で軽くつき、最後にあごの下をくすぐる。"はねて"からくすぐるところへ、急いで移らない。

ねらい

情緒刺激の受け入れが弱い子どもや、ふざける子どもについて前述した。

前者のために、この時点で、やや素朴と思われる接触方法の遊びを行なう。後者については、この遊びを土台にして、より厳しい要求が受け入れられるであろう。

　あごの下をくすぐるところで、笑えばまず大丈夫である。

　また、うたい終ったあとの子どもへの話しかけは、各自で、これまでを参考に工夫してみる必要がある。

　女の子は一般に可愛いといわれて育つ。思春期は、もっぱら男の方が積極的であり、女性は愛される側である。

　このことが関係あると思われるのだが、女性の対人関係での考え方は、"若し、相手が自分を愛しているならば"という前提を置き勝ちである。

　女子学生の調査でも、結婚について、私を愛してくれる男性の出現という考え方をする。

　こうして、教育でも、自分が生徒にどう受け入れられるかを気にしてしまい勝ちとなる。なかなか"若し、自分が相手を愛しているならば"という前提でものが考えられない。フロムは『愛するということ』で、愛のこの危険について指摘している。

　こうして、自分が子どもをどう受け入れているかが、無自覚になり、また、愛情の表現も、ひどく下手である。したとしても、ひかえ目で、なかなか子どもには、はっきりと伝わらない。それにもかかわらず、主観的には、自分の子どもに対する好意、愛情を全面的に肯定してしまうのである。

　ここでの話しかけは、上記の点に十分注意して、見ている人があったら、穴にかくれたくなる程、照れくささをこらえて表現する必要がある。これで、まだ、必要の七割程だと心得ておいた方がよい。

音楽的な内容

　仲良くしなければだめ、仲良くしなさい、こういったことは、どの教師もよくいう。しかし、現実に子どもが、それこそなんとなくいい感じで一緒にいるとき、"あら、仲良しね、いいね"とは、なかなか声をかけない。

　現場にことばを与えるのではなく、ことばをことばとして与える向きがあるのだ。文法の獲得からいうなら、こうしたサンプル——経験といってもよい——から、母語の構造を内在化することはできるだろう。しかし、このことが、

逆に、ことばを体験から切れたものにしてしまうのだ。

ことばをことばとして与えるのはできるだけ少なく、そして、ぴったりした場面にふさわしいことばを与えることをもっと多くしなければならない。

教師—子ども関係は、わらべうただけで可能になるものではない。上記のような日常の集約されたものが、この二人の場面に影響を与えるのだ。日常の関係における矛盾が、教師—子ども関係を破綻させてしまう。これが音楽的内容に大きな悪影響を与える。

14 〔おさらのうえに〕

進め方

〔でーろ〕などと同様、教師の手本を受け入れるところから始まり、ていねいに教えていく。開始は、その都度合図を入れる。

ぱあで四拍、ぐうで四拍、ちょきで四拍、再びぐうで三拍、最後の休符分の間を置いて終わる。

これまでの遊びをくり返すことを加えながら、課業を構成する。

ねらい

変化するしぐさになるので、変り目で混乱したり、うまく変れなかったりする。この点には、あまりこだわらない方がよい。

それより、ぼんやりしたり、悪ふざけをする子どもが、この時期になってもまだいるのかどうかの方が重要である。また、子どもたち同志が見かわしているかにも、目を配る。

音楽的な内容

しぐさの変化より、軽く拍で動作し、教師の開始の合図を受けてうたうことが重要である。

教師—子どもの関係がよければ、日常生活で、ぼつぼつ、子ども同志で遊ぶようになっている。そういうときのなかよしだねの一言が、子ども全体の相互関係にまで影響を与え、この音楽の内容にふくらみを与える。

音楽作品は、確かに、それ自体が豊かな内容をもっているというより他はない側面をもっている。しかし、わらべうたは、個性的な音楽作品ではない。それは、どれをとっても同じといった方がいいくらい無色透明のものである。であるから、教材としては最適なのだが、その内容を決定するのは、その場を支える広範な日常の生活体験である。音楽をするとき、このことを忘れてはならない。

こうして、音楽の側から強い情緒的束縛がないので、子どもたちの体験を組織して、音楽に深い内容を与えていくための作業ができるのである。

15 〔あしがつめたい〕

進め方

床に両足を投げだしてすわり、一方の足を拍に合わせて上下する。床に打ってよい。

教え方は、〔でーろ〕などと同じである。一回毎に開始の合図をして、十分に遊ぶ。隊形は、円である。

ねらい

遊びそれ自体の中に面白さ、子どもの興味を引きつける何か、そういったものがあると考えてはならない。好意があれば、何もせずに話すだけでも夜を徹することができる。

もともと、ゲームそれ自体を好むというのは、不幸なことである。それは、満たされなかった人間関係の代替だと見ることもできる。

遊びは、日常の親しい関係を改めて確認するものであるし、また、遊びが媒介となって、親しさを作り上げていくものである。

このような、単純な、何のことはない歌遊びを、子どもたちが喜んでやるようであれば、教師－子ども関係が、子ども－子ども関係の土台に十分なってきたということを示していると考えてよい。

音楽的な内容

　遊びについて前項に述べたことは、〔おさらのうえに〕で音楽について述べたことと同様である。音楽の内容把握について、ことばに大きな比重をかけるのも間違いだ。わらべうたが教材として最適なのは、無色透明といってもいいくらい、どの歌も同じである点なのだ。そしてこれは、ことばの内容より音韻の側面に従っているからなのだ。

　内容は、あくまで人間関係であることを、再度、心にとめておかねばならない。したがって、音楽の技術的美しさの基盤は、合うというところにあるのだ。拍も、リズムも、テンポも、音高も、音程も、全体のうたい方も、何もかも、まず、合うことが大切である。

16　〔かぼちゃがめだした〕

進め方

　円形にすわる。両こぶしを二拍上下に振る。二拍、親指をたてて振る。手をひろげて二拍振る。手首の部分を合わせ、上を開いて両手で一つの花を作り、二拍振る。両手でだんごを作るような形で実を表して四拍振る。左手のひらを、右手を刀にして四回切る。

　教え方は、〔でーろ〕などの場合と同じである。

ねらい

　しぐさが美しいか。変化は適確か。みんなが、互いを見ながら参加しているか。ふざけたり、ずっこけたりしないで面白いか。こういった点が大切である。

音楽的な内容

　うたい方は、軽く静かでも、合っているかどうかが確かめられるような明確さが必要である。口ごもったり、極端な小声ではよくない。

　また、このあたりでは、動作が拍を表わせるようになっている必要がある。

　二回にわたって前述したように、ことばの面白さに、遊びの面白さをかけてはならない。わらべうたには、巧まざる日本語の面白さの表現があり、これを

感じるというのは大切でもあり必要なことだが、遊びの面白さがこれによりかかってしまってはならない。

いわば、まったく個性的にはデフォルメされていない歌に、そのときどきの人間関係が内容として与えられていくからこそ、やがて、詩とうたが一体となった歌曲の世界に達する土台も形成されるのである。

17 〔かたてでいくつ〕

進め方

円形にすわる。どちらか一方の手をこぶしにして、四拍上下に振る。右手が最初にできればよいが、全体を一緒にすることが難しければ、どちらの手から始めてもよい。次に他方の手を四拍こぶしにして振る。両手を合わせて七拍振り、末尾の"ぱっ"で左右に開いて終わる。

教え方は、〔でーろ〕などと同じである。

ねらい

誰もが、ぼんやりしたり、ふざけたりすることなく、一つの遊びの世界を作っていることが肝心。

技術的には、美しいうたい方、拍、しぐさなども重要な点である。

さらに、**姿勢**はよくなっていなければならない。

人の顔色を見るということばは、どうも悪い場合に使われるもののようだ。このことが、人の顔色すら見ることのできない、感性の鈍い子どもを生み出してしまう原因なのだろうか。うまくいったときの教師の喜ばしい顔に反応し、まずいときのいやな顔で、すぐ気がついて直す。そして、普段の平気な顔。

次のような話しがある。

幼稚園教師として有数だと、誰からも認められている教師がいる。彼女は大学で講義もしているので、何週間かに一日、クラスをあける。代りに若い教師が入る。

あるとき、母親が、いつもおばさんの先生じゃなくて、たまには若いお姉さ

んの先生だといいでしょと、子どもに聞いた。
「若い先生は、何だかわかりにくくってなあ、はっきりしないんだよ、顔だって、わかりにくい。おばさんの先生の方は、わかり易くってずっといいよな」
　子どもはこう答えた。これが四歳児である。教師は、最低、三つのわかり易い顔の表情を持っていなければならない。よしというときの喜ばしい顔、だめというときのいやな顔、そして普段の顔である。
　姿勢も、注意のそれたのも、教師のいやな顔を敏感に察知して直す方がよい。まず、顔色を見ることのできる子どもと考える方が、正しい。

音楽的な内容

　末尾の"ぱっ"が、オフビートになる。ここのタイミングと、それを感じとることが大切である。
　その他は、これまでと同様である。

18 〔いっぽんばしわたれ〕

進め方

　前の子どもの肩に両手をあてて、一列になって、小きざみに歩く。先頭は教師。
　急いで、速くなってしまわないよう、その場に足踏みする位のつもりで歩くとよい。先頭の子どもは、教師の腰につかまる。
　始めての立ってする遊びである。教師は、歌を覚えるまで、自分の手本によるが、子どもたちが遊ぶ前に、一人選び、先頭とし、その肩に手を置いて、つながり方の手本をも示して教える必要がある。
　つながって歩き始めても、何回かは、さらにきちんとするために、注意する必要がある。しかし、子どもがうんざりする程に注意してはならない。

ねらい

　刺激反応性、これは中村恵一氏の出した考え方だが、これがあまり大になると、外界の小さな刺激には感じなくなり、自分の中の刺激——あるいは、ばら

ばらな欲求というべきか——に反応するようになる。
　ことばが行動を調整することは、よく知られているが、これは、自然にそうなるわけではない。ことばを獲得する機構が、その点の可能性を含んでいたとしても、練習が必要である。
　次のような教師の鈍感さが代表する、調整嫌いの束縛嫌いは、刺激反応性のみ大で、内的統制力、これも中村氏の考え方だが、これの著しく小である人間を育ててしまうだろう。
　食事の時間である。食の進まない子どもがいる。たまには、虫になりきって食べさせることなどもよい。こういって、牛乳の箱で背中に羽と顔になにやら口のようなものをつけ、積木で虫かごのようなかこいを作って、その中で食べさせた。こうして、だまして食べさせれば、虫ごっこで食べてしまうというのだ。
　どこの国の食事のマナーに、虫になって食べるというのがあるのか。食べることぐらい教えられないで、なにが教師かと、教師以外の人なら思うだろう。ところが、これに感激して、真似する教師がまた、何人もいるのだ。
　ここで、始めて立って遊ぶわけだが、立つことによって、ばたばた混乱するようであると、これまでの教育を考え直してみる必要がある。
　立って、教師の指示通り動くということこそが、虫になり切るよりずっと重要かつ正しいのだ。教師は、極端にいうなら、明快な指示、命令、禁止を与える他、あまり話すことはないと心得ていて、丁度よい位なのではなかろうか。
　立って混乱しないこと。指示に従うこと。これがねらいである。

音楽的な内容
　歩行が拍で行なわれることが大切。しかし、いまだ十分な調整は不可能なので、拍に合わせることにこだわってはならない。
　それよりも、歩行が乱暴になっていないか、前後のつながりが感じられないでぼんやりしている子どもはいないか、などが大切である。

19 〔ちゅうちゅうちゅう〕

進め方

　立って手をつなぎ、輪になる。間があまりつまってしまわないように。拍で、そのまま右方向へ歩く。横歩きにならないよう、歩く方を向いて進む。教師も輪の中に入るが、大股にならないよう注意する。

　教え方は〔いっぽんばしわたれ〕と同様である。

ねらい

　輪がまわるということは、一列につながって歩くより興奮しやすいものである。〔いっぽんばしわたれ〕における注意を、ここでも厳密にすることが大切である。

　また、輪が、指示通り作れるようになるまでの指導も、注意して行なうようにする。教師ー子どもの結びつきがよく、それまでの指示が適確で、矛盾と混乱に満ちたというものでなければ、それ程の苦労はなく、輪が作れるものである。

音楽的な内容

　輪がまわるというのは、子どもたちの作っている世界全体が動くというものである。この関係を内容とするためには、うたい方も、これまでと多少変ってくるであろう。

　とくに、初めての長い歌である。最後まできちんとうたえるようにすることが大切だ。

20 〔かりかりわたれ〕

（楽譜：2/4拍子　歌詞「かり　かり　わたれ　さおに　なって　みせろ／かぎに　なって　みせろ　あとの　いっぱ　おいていけ」）

進め方

　全員手をつなぎ、教師が先頭になって、うたいながら歩く。教師の左手に次の子どもの右手をつなぐつなぎ方である。歩き方は、部屋の随所にいすなどを置き、いろいろなまわり方をして歩く。

　教え方は、〔いっぽんばしわたれ〕などと同様である。歩いている子どもの顔が随時見えるようにまわっていかなければならない。横歩きにならないように注意する。

ねらい

　各おのに固有の歩き方が安定に向かっていく時期でもあり、拍を歩行でとる作業は重要である。また、さまざまな形を列が描いていくことになる面白さも感じとれるとよい。しかし、この点については、無理をする必要はない。

音楽的な内容

　ただ列が動くというのではなく、列の形がいろいろに変化する。そのとき、目に映る友達も変化する。そういったことに注意が向くようであれば、なんの変哲もないこの歌の内容が、さまざまな色合に富んだものとなる。

　歩行の規則的なくり返しは、各部の要素的な反応が集って生じるのではない。歩行の全体が体制化されるのであって、その成立と安定は、より分化した運動に対して支配的な働きをする。

　上記に従うなら、この時期の子どもに、たとえば手の振り方など、各部分の運動を教授したからといって、体制化が不十分な場合には、なかなか歩行は安定しないともいえる。これを無理に行なえば、かえって、有害な負担をかけることにもなろう。

　しかしまた、分化した運動に対して歩行が支配的であるなら、それと拍との

同調は、よりよいリズム感をもたらすものであるともいえる。歩行とうたうこと、これの協応が音楽に豊かな内容をもたらすとすれば、より細心の注意が必要になる。

速度、歩幅、注意の方向、うたい方、気をつけなければならぬ点が多い。

21 〔からすからす〕

からす からす かあかあ ないて おみやの もりへ かえる かえる

進め方

円形に立ち、時計と逆まわりに進行方向を向く。両手をメガフォンの様に口元に構え、その手は前後に拍で動く。これが前半の四小節八拍。次に、両手を羽のように左右にひろげ、拍で上下しながら、歩く。腕は、ひじから大きく、はずむように振る。

十分な教師の見本と共に、ていねいに教えてから行なう。開始の合図は一回毎に教師がする。高低に変化をつけてみるなどしてもよいが、子どもが応じられないときは、すぐ中止し、最もうたい易い高さに限る。

ねらい

美しい円を作り、それがくずれないでまわる。この中に、変化するしぐさがついている。わらべうたを遊ぶことについての自立がない限り、これは果せない。

音楽的な内容

何回もくり返し述べたことだが、遊びそのものの中に面白さがあると考えてはならない。誰とどのようにしてするかが重要であり、その誰とという諸関係のあり様が、音楽の内容になってくるわけだ。

からすのしぐさや、しぐさの変化という細部にのみ喜びを表わすようだと心配である。また、まったく喜ばないとしたら、人間関係に不十分な点や不満足な点があると考えるべきであろう。

22 〔こんこんさん〕

こんこんさん　やまからこい　つかまえる

進め方

　いすを円形に並べた中で行なう。すわっている教師の向いに、何らかの鬼きめで教師の選んだ子どもが立ち、両手をつないで門を作る。他の子どもは、教師と子どもが作っている門を、並んでくぐっていく。全員うたいながら行ない、末尾の"る"で門を落し、一人を捕える。捕えられた子どもは、自分の席に戻ってこしかけて待つ。捕えられた子どもも、歌はうたいつづける。全員すわるまでする。

　ゲームの方法は、見本を示しながら、ゆっくり、ていねいに教える。

ねらい

　これが、三歳最後のわらべうた遊びである。これまでの教育で、まだ、人間関係のうすい子どもがいるようであれば、教師の相手に選ぶなどして、強い刺激を与えていくようにする。

　遊びは、やがて子ども同志で遊ぶための準備になっているが、あくまでも教師が中心となっていることが重要である。子ども同志の関係をあまり急がない方が、結果がよい。

　この点については、子ども－子どもの関係は、おとな－子どもから移行するのではなく、おとな－子どもを土台として成立する。また、きづなは、強ければ強いほど、そこから離れて、子どもの行動半径が伸びてくる。ただし、それが、病的な固着をもたらすようなものであってはならない。こういった仮説に基づいた厳密な実践の結果、十分に確かめられていることである。

音楽的な内容

　歌自体は、短かく、面白いものでもない。しかし、一年間の生活が、子どもたちに、さまざまな内容をこれに与えるだけのものを作り出している。

　秩序をもって、しかも楽しく遊べ、暗い表情の子どもが一人もいないようであれば、三歳児一年間の教育が、だいたい成功したと考えてよい。そのときにこそ、子どもたちは、音楽に無限の内容を与える力がついてきているわけである。

4歳児のカリキュラム

編作曲・鈴木敏朗

1 〔ねんねんねやま〕

ねんねん ねやまの ねんねどり ひとさえ みれば なきまする

進め方

　教師も共に円形にすわる。右はじの子どもから順に呼び出し、両ひざをまたぐように、向かい合わせにだく。背中に手をまわし、しっかりだいてやって、うたいながら、拍で前後にゆする。

　うたい終ったら、子どもの耳もとで次のようにささやく。

「とってもいい子だね」
「先生は、あなたが大好きだよ」
「先生のことも大好きになってね」
「自分のいすに戻って、きちんとすわっていなさい」

　以上は、四歳新入園の場合である。

　三年保育から上ってきたもので、教師が代った場合は、次のようにいう。

「三歳の組(クラス名)は楽しかった？」
「三歳の先生(先生の呼び名)は好きだったの？」
「先生は、あなたのこと好きだった？」
「そう、とってもいい先生だものね。私も、あの先生(呼び名)と仲良しで、大好きよ」
「あなたのことも、あの先生みたいに大好きだよ」
「あの先生と同じようにいい先生になるから私のことも好きになってね」
「さあ、自分の席に戻って、きちんとすわっていなさい」

　教師も持ち上った場合は、なかなか難しい。

「年中組になって嬉しいですか？」
「そうだね、今日からお兄さん(お姉さん)だもの」
「立派な顔して、先生は、ずっといっぱい好きになったよ」
「先生のことも、いっぱい好きになってね」

どうも、少なくとも教師が代った方がいいようである。これまで、三歳から持ち上って、教師が代ったよりよくいった実践がない。

だいたい、三年保育は、二年保育より悪い場合が多いという研究者もいる。大変信頼のおける研究者である。

今回、ここに発表した考え方に従って初めて、二年保育よりはるかに教育効果が上ったと考えられる結果が得られたのである。

一番目の子どもがきちんと席についてから、二番目の子どもを呼び出す。

ねらい

四歳新入園ともなれば、早く子ども同志の関係へ自立させたいという教育が多かった。その対極にあるのが、教師がなんとなく曖昧に、たとえばうながしなどといわれる次のような方法で教育しているものである。これが残りのほとんどすべてである。

「立ってください」

立たない子どもがいる。

「すわっている子はいないかな？」

子ども、何のことかわからない。

「お耳のない人がいるかな？」

子ども、いないとか、あるうなどと答えている。

そうではなく、はっきり、わかり易く、子どもも、それが教師の要求だとわかる、そういういい方、たとえば「立ちなさい」と端的にいう、こういうやり方が可能な関係は何かと考えることが、非常に少ない。しかも、強制されたことをいやいややると受け取られないようにである。

子どもたちが、自分というものを形成していくにあたり、よい自分とだめな自分をはっきりさせていかなければならぬ。曖昧なわからぬもの、何だか自分でないもの、こういう状態をもたらす教育が、最も悪い。

そこで、たとえ四歳といえども、後になって出てくるが、五歳になっても、この、教師－子どもを結びつけるための、技巧的な、洗練された方法を用いての働きかけが必要なのだ。そして、これが、音楽の基本でもある。

音楽的な内容

何よりも、教師が行なうこと、これが、最も重要なことである。教師－子ど

もの関係から受け入れる情緒的刺激が、この音楽の内容なのである。

　器楽にも、録音技術を用いた音楽にも、この内容がまったくないことに注意しなければならない。だから、音楽自体の中に、内容を探りたくなったりするのだ。

　感情的分化発達について、まったく心を配られることなく育った結果が、あらゆる興味、好奇心、意欲へのエネルギーの不足になったのだ。音楽それ自体には、麻薬的な効果の方が多いことを知るべきである。

2 〔うまがはしれば〕

（楽譜：うまがはしればのりてはゆれる／ゆれりゃのりてはてんぐりかえる）

進め方

　〔ねんねんねやま〕と同様に進める。

　教師はズボンをはかぬと、これを行なうのは少し難しい。こしかけたひざに、向うむきにすわらせて、胴をしっかり支えてやる。背伸びするように、足首を拍で上下させながらうたう。末尾の"る"で、両ひざを急に開くとその間から子どもが落ちる。このとき、尻を打たないよう支えることが肝心。

　終ったら、ひざの間に立たせ、だき寄せて、耳もとで、次のようにいう。
「すてきにしていられて立派だね」

　入園後何日か経てば、顔つきも引き締ってくる。また、こしかけたときの姿勢もよくなっている。
「先生のこと好きになってくれた」

　四歳児であれば、この辺で、全員が肯定する。
「よかった、先生もあなたのことが大好きだって、知ってるでしょ」
「二人共好きでよかったね」
「席に戻って、きちんとすわってなさい」

　担任も代らぬ持ち上りが難しいが、下のクラスができたことについての、多

少の自覚を評価するのが良いであろう。

ねらい

　人間関係の中から情緒的刺激を受け入れることが少なかった子どもは、外界認知についてのエネルギーも少ない。学習意欲にも欠けるところが多い。こうなると、自分の中にある、ばらばらの欲求を頼りにする以外に方法がなくなってしまう。

　さわぐのは子どもの意志表示ですなどと、馬鹿げたことをいう教師などは、上記のような結果、子どもとどうつき合っていいのかわからなくなってしまったのであろう。

　まずは、教師－子ども関係の形成と強化が当分のねらいである。

音楽的な内容

　ことばに節がつくと、ことばの中味が体験から切れてくるということは、はっきりしている。この点を考えても、歌、あるいはそこのことばに、音楽的内容の手がかりを求めるのは、当分の間、難しいということがわかろう。

　この時期に、何故に、器楽だとか、レコードによる音楽鑑賞だとかをするのか、その意図が皆目わからない。

　何度もくり返すが、教師のすることこそが大切で、その関係にこそ内容がある。

3　〔おおかぜこかぜ〕

$\frac{2}{4}$　♩　♫｜♫　♩｜♩　♫｜♫　♩‖
　　おお　かぜ　こかぜ　どんと　ふいて　こい

進め方

　教師も入って、円形に立つ、両こぶしを握って、となえながら拍で軽く胸を打つ。末尾で、胸に手がついてしまわないよう、きちんとはずんで終ることが必要である。

　口をはっきりあけ、軽くとなえながら、数回手本を示し、教師のとなえことばに合わせて動作してから、ことばを教える。子どもたちの受け入れる姿勢が、きちんと整っていることが大切である。

ねらい

　全員がとなえ、動作することで、ひとつの遊びに参加すること、互いに見かわしていることなどが大切である。

　子どもが生れてもつ母親との愛着関係は、もともと社会的な生物であることを示すものであると同時に、それは、生れつきのものでもある。ここから引き続く初期依存関係は、その意味で、本質的なものだと考えなければならぬ。

　入園は、これまで安定してあった筈の依存関係を離れるわけで、当然不安がある。ここには、二種類の不安があることになる。ひとつは上記のもので、もうひとつは了解不能の不安である。この二種類の不安は区別してかからねばならない。この区分を曖昧にすると不安は、なかなか解消しない。

　園に来たが、いつも、何をどうしていいかわからない。これは大きな不安になる。これを解消するのは、しなければならぬことを少なくすると同時に、始めから、はっきり教えることである。

　四月の目標に、よく、園生活に慣れるというのがある。これが、教師―子どもを中心とする人間関係が形成されると解するならよいが、生活の諸々の行動に慣れるというのでは、いたずらに不安を長びかせることでしかなくなってしまう。

　したがって、本項始めにあげたねらいは、いろいろな子どもがいることを、教師への信頼を軸として受け入れているということでよい。

音楽的な内容

　口をはっきりあけ、軽く、リズミカルにとなえること、とくに、♫（かぜ、こか、どとなど）が、前半につまってしまわないようにすること、この部分で速くなったりしないことに、気をつける。

　動作が拍に合うことも重要。

　内容は、初めて受け入れた子ども同志の関係におけるさまざまな思いであり、前述した技術的な問題ではないことは、これまでもくり返し述べてきた通りである。

4 〔ちいさいなみきえろ〕

ちいさいなみきえろ　おおきいなみこいよ

進め方

体側にななめにおろした位で、手をつなぎ輪になる。前、後と、拍に合わせて軽く振りながらうたう。決して、前半小さく、後半大きくと振らない。もしそうするなら、歌の音量も同様にする。しかし、これは、この時点での課題ではない。

円形に立っている中央で、教師が手本を示す。手をつないで動作だけ教師の歌に合わせる。歌の練習をする。両方を行なう。

ねらい

子ども同志を早く結びつけようとしない方がよい。生育環境の違いによるさまざまな子どもたちがいるし、そこに表われる子ども－子ども関係にふさわしくない行為も、それを受けた側に止める力がない場合が多い。このときあわてると、レッテルをはったり（いじわるな子）するようなことも生ずる。

前回を受けて、まずは仲よししようと手をつなぎ、遊ぶぐらいである。人間関係は、規律と共に少しずつがよい。

音楽的な内容

軽い、力の入らない動作と、口をはっきりあけた明確なことばの静かな軽い歌。一人ひとりが、他に合わせて動作することを、それとなく知らせていく。

輪になることは、その中に世界が強固に作られることでもある。知り合いができていれば、さまざまな生活も含めて、輪の中に、いろいろな思いが盛り込まれる。この思いは、肯定的でありさえすれば、具体的でなくてよいわけである。技術が中心となってしまわないよう気をつける。

5 〔いじわる〕

いじわるア かおみりゃ すぐわかる　かおが さんかく めがしかく

進め方

　いすに、円形にすわる。はじから一人ずつ呼びだし、右で支えるよう、ひざに横だきにのせる。左手で拍に合わせてほほをつきながらうたう。
　うたい終ったら、次のようにいう。
「げんきですか？」
「よかったね」
「幼稚園はたのしい？」
　答えを心にとめておく。
「仲よしはできた？」
　この答も心にとめておく。
「先生はあなたが大好きだけど、あなたは？」
　この問で好きと答えるようにしなければならない。
「席に戻って、きちんとすわっていなさい」
　この要求は、前にすわり方を教えることで、どう応じたらいいかをはっきりさせておかねばならない。
　教師ー子どものきづなが強くなると、この歌のような、一見逆のいじわるな内容のものも可能となる。きっといいことがあると思って安心できるわけだ。
　もっとも、うたい終わりにすぐ、次のような一言を入れてもよい。
「あなたの顔は、三角じゃないね。いじわるじゃないんだ」

ねらい

　中味が、友交的関係の要求とは逆の悪口うたが、愛情の表現にもなるわけだが、これが通じる程の関係が成立したかどうかを確かめてみる。まだのようであれば、ここで、最終的に、教師ー子どもの関係をつけてしまう。
　音楽、うたうこと、これが、現実としっかり結びついた日常ではないということは、はっきりしている。幼児教育の中で大変困ることのひとつに、悪口うたが教えられないということがある。たまたま教えて、ちょっと子どもが口づ

さもうものなら、たちまち母親がどなり込んでくる。

　母親だけならいい、あることについての無知も許されるのだから。しかし、これが教師である場合には、その無知は、決して許されるものではない。谷川俊太郎に悪口の詩があるが、詩であれ歌であれ、日常ではないところで悪口をやったからといって、それが日常用いることと直接つながるものではない。

　失敗した子どもに囃したてていたりするのを見かけるが、これは、囃したての歌を教えたためではなく、教育それ自体が、一人の失敗を囃したてるような子どもを作っていることによるのだ。ここで、教師自からが悪口うたをうたいかけることで、悪口をいいたくなるような衝動があるとしたら、それを、いわば儀式ともいえる歌の中に解消していく筋道をつけていくことも、大切なことだと思われる。

音楽的な内容

　曲や詩の内容が音楽の内容になるのではなく、節のついてくることが、ある種の機能をもってくるのであり、それが機能できるような状況のあることが、音楽の内容を形成していくと考えるべきである。ことばに節がつくと、それは、現実を離れていく。そのことによって、自分の態度についての体験が、より鮮明になってくる。こうしたものを、肯定的に交流する具体的な関係が重要なのだ。

　悪口うたであっても、好もしい教師―子どもの関係は、そこに、素晴らしい内容をもたらすであろう。何度もくり返したが、決してこの悪口にとらわれてはならない。

6　〔みたらみみずく〕

　み　た　ら　み　み　ず　く　　とん　だ　ら　とん　び　　は　ね　た　ら　う　さ　ぎ

進め方

　教師も共に円形にすわる。三拍ひざ打ち、四拍目で両手をめがねのように目の前にもってくる。三拍ひざ打ち、八拍目で両手を羽にする。四拍ひざ打ち、末尾の"ぎ"で両手をうさぎの耳にする。

教師の手本、教師の手本と子どもの動作、うたを覚える、共にやってみる。この順でていねいに教える。

ねらい

能動性とか自発性は、規律なしにあるものではない。子ども－子どもの関係の中で、一人ひとりが能動的であるためには、規律が必要なわけだ。しかし、これをあせって要求しても、教師のたんなることばが、子どもたちの行動規範になるだけで、決して、自発的な能動性とはならない。

確かに、禁止、指示は必要である。何よりもよしとだめをはっきりと、しかも、矛盾なくさせることが重要なのだから。だが、これは、教師－こどもの関係の中で、教師が明示すべきもので、子ども－子どもの関係を土台にして要求すべきものではない。

たとえば、ぶつな、けるな、ひっかくな、こういった禁止は、現場で、はっきり、短かくするのがよい。しかし、友達を作って、大勢で遊びなさいというのは、あせらぬ方がよい。

まずは、みんなが共に活動することが、嬉しく、楽しいことだということを、教師から十分に知らせる手段をとろう。一緒に活動するとは、自分勝手でもなく、参加しない、参加できないということでもなく、騒がしいことでもふざけることでもない。全員が、静かに、はっきり、軽くうたい、楽しい、明るい表情で、そろって、美しく動作することである。ここに、教師の禁止、指示、そして教授が生きてくるのだ。

この活動を土台に、子どもたちの肯定的関係を日常的に評価していくことで、子ども－子ども関係が、新しく、強固なものとして生じてくるのだ。

音楽的な内容

音楽が内容豊かなものになる基盤は、何よりも、互いに合うというところにある。そうなら技術は、その意味で、重要な問題となる。技術なしに、表現の自由は実現しないわけである。具体的な相手にむけての行為である表現が、相手と合わぬままでは、とても、表現とは呼べまい。

全員が共にするところから始まる子どもたちの多様な関係が、これから音楽の内容になっていくわけだが、その中で、互いが表現する土台となる技術は、そこにどうしてもなくてはならない。

しかし、不必要なほど高度な技術を持ち込む必要はない。子どもの表現の水準を越えた技術は、外部からの行動規範としてあり続け、子ども自身のために使いこなすようには、決してならないからである。

円形にすわり、これまでの歌の前半を一人の子どもがうたい、後半を全員が、その高さ、速さ、音量を受けてうたうという作業によって、まず、他者の声を聞いてうたう力を身につけよう。

7 〔おこればいもむし〕

おこれば いもむし いもっぱに ついた おこる やつには つれがない

進め方

円形に立った中央で、教師が手本を示す。二人が向かい合い、両手をとって、左右に拍で振るだけの簡単な動作である。教師の手本は、手をつないでいるかのようにして行なう。

子どもたちは、円形の位置で二人ずつ向かい合い、手をとって、手本に合わせて動作する。

次に、教師は一人の子どもを選び、手をとって、中央で手本を示す。このとき、背を曲げたりせず、おとなとしての美しい姿勢でいることが重要である。この間に歌を教える。動きを、ゆったりとした美しいものに整えていく。

部屋の中に散開し、二人組になり、全員そろって、動作する。一回毎に相手を変える。奇数のときは教師も入る。

ねらい

二人が、互いに見かわしながら合わせ、また、全体も合わねばならぬ。相手を変えるときは、もっとも近い子ども誰とでも、手がつなげなくてはならぬ。

同じ子ども同志続いたり、相手をより好みしないよう指導するのは、易しいことではない。自分が被害者や加害者になりながら、具体的に教えていく。

音楽的な内容

対人的な全ての変化が内容となっていく。技術的には、歌と動作の合うことが重要である。これまでの歌を用いて、拍を打ったり、歩いたりの練習も、するとよい。

8 〔だんごをたべた〕

だんごを たべた いくつ たべた　教師：♩を打つ　ハイ　子ども：♩を打つ

進め方

　前半はうたうだけ。後半、教師は一〜四の範囲で任意に拍打ち。子どもはそれを受けて、同数の拍打ち。一の場合、一拍休符をおいて子ども。二の場合はそのまま休符なくて受けつぐ。三の場合は、一拍休符をおいて受けつぐ。四の場合はそのまま。歌のテンポと同じに打つことが大切。

　まず、歌を教える。次に拍打ちの受けつぎを教える。うたいながらやってみる。

ねらい

　ここでは、遊びの主導権を教師がとっている。主導権を放棄することが子どもを民主的にすることだなどと確信している教師が、信じられぬほど多くいるようである。筋が通るなら、構造化されているなら、矛盾をほほかむりしないなら、教師と子どもとがいるとき、教師は主導権をはなしてはならぬ。話し合いとて、子どもだけのものは、十代になっても難しいことがはっきりしている。

　見通しをもって、筋を通すことを教えるものが教師なのだ。共にすることに必要な規律を、この遊びの中で、確実に要求することが重要である。

音楽的な内容

　教師ー子どもの結びつきを基盤に、教師ー子どもたちの関係の上に立つ指導をするわけだ。このとき、教師の要求を一人ひとりの子どもが受け入れるか受け入れないかは、さきの教師ー子どものきずなが、どれほど結ばれたかによる。

　ここで、要求を、たんなることばとしてしか受け取めないようだと、音楽的内容も、肯定的なものとならなくなってしまう。もっとも、話しを聞く姿勢については、心の姿勢をも含めて、厳密に要求しておかなければならない。

　技術的には、拍の受け渡しが問題で、動作を拍でとりながらこれまでの歌をうたう課題を行なう。

4歳児のカリキュラム　49

9　〔こどものけんか〕

こどもの けんかに おやがかり　くすりやさんが とめたけど
なかなか なかなか とまらない　ひとさん ひとさん きておくれ

進め方

　著名な指遊び。両手の小指四拍、親指四拍、薬指八拍、中指八拍、人差指八拍、歌に合わせて打ち合わせる。休符は休んでもよい。

　円形にすわり、誰にも見えるように、方向を変えて数回の手本を示す。動作だけ教え、歌を教え、共にする。

ねらい

　歌に合った動作は、子どもにとって易しくはない。動きの小さい指遊びで、受け入れる姿勢をしっかり整える。

音楽的な内容

　一人でこの遊びを行なうのと、共に遊んだ背景があって一人でもするのとでは、同じ一人でも、音楽的内容が異なる。一人の遊びの中に閉ざされてしまわないようにすることが肝心。

10　〔どうちんどっこい〕

どーちん どっこい やたから のぞくな のぞくと こどもが つっつく ぞ

進め方

　円形に間をつめて立った子どもの胸を、人差指で拍に合わせてついていく。末尾の"ぞ"でやや強くつく。あたった子が一歩下がる位に。次にその子と鬼が交代する。

　初めは、教師が鬼の役をする。子どもから鬼が決ったら教師は、遊びからははずれる。教えるときも、教師が鬼になってする。

ねらい

　おにとこという二つの役割ができる。ここでは、一人ひとりが役割を引き受けていくことで、子どもたちの対人認知を少しずつ分化していくことの方がねらいとなる。

　後に出てくる子どもたちが鬼きめをしてする役割分担とは、やや内容が違う。しかし、その前段階として、中のおにがまわりとの関係で自分の役割をわかっていることが必要だ。

　夏休み前には、遊びを楽しいものにして、長い休みのあとの園生活につなぐということも、大切なねらいである。

音楽的な内容

　これまで述べてきたことによって、ここでは、鬼、まわりの子、さされている子、最後にあたった子、さされなかった子、そしてそれぞれが誰であったかなどで、一回の内容も異ることになる。その都度変るこれが内容になっていくわけで、それは複雑なものになる。

　この複雑さを担う重要な基盤が、きれいに合わせることのできる技術である。歩行などを含めて、これまでの歌を用いた拍を取る課題を行なう。

　四小節目の八分音符のきざみは、息つぎがやや苦しくなる原因だが、こうきざまれると続く感じがでるところで、大切に取り扱う必要がある。ただし、子どもにそのことを教える必要はない。

11 〔すっかときって〕

すっかと きって どっちが おにじゃ てのつく ほうが おにじゃ おにじゃ

進め方

　間をつめて円形に立ち、右こぶしをしっかり握って出す。教師がそれを人差指で拍でついてゆき、末尾の"じゃ"にあたった子どもが鬼遊びの鬼となる。

　鬼遊びと組み合わせて用いる。

ねらい

　長い休みが終ったとき、遊びは新しいものがよい。そのことによって、あら

ためての指導が新鮮なものになるからである。

全てが新しい役割り遊びを入れるのも、上記の理由が大きい。心構えまでが新たになる。

音楽的な内容

文学作品によってことばを教えるものはいない。不完全や未完成な文の経験の中にさらしておいて、使用のおかしな点を指摘するなど、ことばは、ことばの中で教える。こうしたなかで、人の子は文法という構造を内在化させていくのだ。

音楽もそうだ。散歩のときの散歩の歌だろうと、おやつのときのおやつの歌だろうと、作品には変りがなく、そんなものが、音楽を内在化させるわけがない。

なんらかの形でことばにあたるものを、節(ふし)と考え、いくつかの文の組み合わせである話しを歌と考え、文学作品を音楽と考えてみる。これは、たんなるアナロジーではない。そう考える必然性は十分確かめられている。

最小のことばである文にあたる節によって音楽教育を始める、これが、ここにおける原則である。そして、ことばには、現実の生活に結びついた内容がある。同様、節にも、人間関係のさまざまな展開発展が内容となっていく。それが、共に遊ぶことを中心とするわらべうたの活動なのである。

したがって、限られた人間関係では、内容にも限度があり、結果、必要とする節や歌についても、限度があることになる。

園での生活は、家庭に比べ、人間関係が格段に豊富だ。この中で用いられる節や歌も、一層厳密さと豊富さを要求される。こうしたことを実現するためには、節や歌を対象化する力が必要であり、これが技術なのだ。対象化なくして、よくうたうことには気づかぬ。

ここで、拍でこぶしをつきながらする鬼きめも、子どもたちが園庭の自由遊びに役割り遊びを行なうとしたら、美しく拍に合わせてできなければならぬ。こうした技術的課題を、少しずつ増していくことが必要である。

12 〔うさぎうさぎ〕

うさぎ うさぎ　じゅうごやの　つきみ　かじかと あわてて は ねた ぴょん

進め方

　〔すっかときって〕で鬼を決め、子どもたちは円形に立ち、中に鬼が入る。鬼は手を頭にあて兎の耳のようにして、これを拍で前後させながら円内を歩く。円の子どもたちはその間手を打っている。末尾の"ぴょん"で円の一人の肩に両手をかけて着地できるようにジャンプする。

　とびつかれた子どもと鬼が交代する。

　"ぴょん"がなかなか合わぬこと、手を打たぬ子どもがいることなどに注意する。

　教え方は、いつも保育者の美しい手本を示しながらていねいに。

ねらい

　役割分担があり、鬼を追う一点で気持が結ばれ、その緊張が、とびついた時に解ける、劇的な遊びの世界が展開される。

　各遊びの開始は、どーぞと鬼が合図する。遊びの世界をきちんと作ること、それによって、人間関係の豊富な世界を体験させること、そのための開始の合図をきちんとできるようにすること、これらが大切である。

音楽的な内容

　詩は、ことばが音楽になる過程だとも考えられる。それは、となえことばに大変近いものだ。谷川俊太郎の『ことばあそびうた』をみれば、それがはっきりわかる。明らかに詩であり、本の題名はうただ。

　このあたりから、簡単なとなえことばに始って詩の暗唱に至る道筋が始ってよい。これが一層、音楽の内容を豊かにする。暗唱は、全員そろってできるものを選ぶことが必要。

○　○　ちゃん　　は　あ　い

　譜例の名前の応答によって、拍と高さの課題を行なって、技術を確かにしていく。拍の課題も行なう。

13 〔だいぼろつぼろ〕

♪ だいぼろつぼろ だいぼろつぼろ おまえのうちが やけるから ぼうもってこい やりもってこい

進め方

　鬼のある遊びをもうひとつ続ける。〔すっかときって〕で教師が鬼きめをする。輪に立った中央に鬼は目を閉じてしゃがむ。輪は、うたいながら時計と反対に前向きになって歩き、八小節目"ら"で止まり、休拍で中心を向き、手をはなす。両手に棒をもち打つような動作を三回しながら足踏み三回。休拍をおいて、やりを両手でもち突くような動作を三回しながら足踏み三回。そのまま止って、静かに立つ。鬼は立ち上り、目を閉じたまま輪の一人をつかまえる。その子と交代する。

　前後にこれまでの遊びや技術的課題を入れ、一回の課業を構成することが必要である。

ねらい

　輪がまわり、二種の動作、鬼の動き、やがてつかまる、この全体をとらえる。このドラマ全体を美しく進行することがねらいである。このためには、一人ひとりがどの役割も果せること、よい肯定的関係で結ばれていることなどがなければならない。

音楽的な内容

　関係の複雑さが美しく展開されるかどうかで、決まる。

　教師の両手の幅で強弱を示し、その対比を自分のものとするための課題を行なう。

14 〔おにぬけまぬけ〕

♪ おにぬけ まぬけ だいこん しょって にげろ

進め方

　輪になる。手をつないだまま横歩きにならないよう、時計と反対方向に四拍歩く。次の四拍は、大根をかつぐようにして、その場を足踏で一まわりする。

ねらい

　全員が共にする遊びも、子どもたちの関係の変化があると、ただのみんな一緒ではなくなってくる。互いに他の子どもを感じていることが大切。

音楽的な内容

　技術的な課題としてこれまで行なってきたことを、しっかり確認する。足らぬものは今後もくり返し行なっていく。

　つぎつぎと高度になる必要はなく、ゆっくり確実に進めていくことが必要である。なによりも内容をそこなわぬことである。

15 〔おみやげみっつ〕

♪ おみやげ みっつ たこみっつ とうさん かあさん やっとくれ

進め方

　二人組で向かい合い、互いの右手で相手の左肩を拍打ち。一回毎に相手を変える。

ねらい

　〔おこればいもむし〕では、教師の強い指示によって、誰とでも組になろうとした。ここでは、組になり方が違うだろうか。好き嫌いまで変えることではない。嫌いでも手をつなぐということが、自分が拒否される悲しさを置き換えて、できるかということである。

音楽的な内容

　人間が好き嫌いを越えて結びつくというのは、どうしても、なくてはならな

い。感情は基本的な目的すら忘れさせてしまうことがある。このことを心せねばならぬ。すくなくとも、その方向への関係が、音楽の内容を富ませていくだろう。

これまでの歌を、教師が高低を変えてうたい出し、それに子どもたちが合わせる。高低の課題を加える。

日本語は、それ自体で一つの音の様式を持つ。ことばが、外の現実より内界の方を重視したとき、節を伴って発話させる。この音のサンプルが、ひとつの構造を内在化させる。これに従って、音楽教育を進めてきたわけだ。

ことばが短かければ、節はことばに従う。しかし、長くなると、音が持つ構造が支配するようになる。この節の対象化のため、高低の学習をする必要がある。

一オクターブの高低（ハ〜ハ）でも、うたってみるとよい。

16 〔あさがおえ〕

（楽譜）

あさがお え　あさは ひらいて ひるは つぼむ　あすは ふりそで
つまを からげ　いわに こしかけ　すなを さらえて おしゃしゃん しゃん

進め方

輪になって立つ。手は後ろにひいて待つ。前後と四拍振る。次の二小節で上に伸ばす。次の二小節で下におろしてかがむ。左手のひらを手前に左腕を直角に前に出し、右手でそのひじを四拍打つ。両手で両ひざを四拍打つ。四拍でだんだんにはずんでしゃがむ。四拍指先で床を打つ。三拍手を打つ。

ていねいに、ゆっくり教えないと、なかなかうまくいかない。

ねらい

全員がそろって同じ動作をすることの中に喜びと美しさを感じるのは、複雑なゲームを楽しむより高度であり、重要なことでもある。

人間関係が暖かく、信頼に結ばれているそのことを楽しむのが遊びである。そのためには、動作も美しく流れるようでなければならぬし、歌も美しい必要

がある。これはもう、踊りといってもよい。

音楽的な内容

　日本の音楽が、あまり心はずむものだといえないのは、誰もが参加する踊りをもたぬためでもある。最近、各地で盆踊りなどが行なわれるようになってきたし、秋田には、西馬音内の盆踊りもある。しかし、全国どこででも、誰もが踊るものは、やはり、既にあまりないといえる。

　ここでは、はずんだ、踊りに近い動作をも内容としていくことが、大切である。

17 〔ちゅうちゅくねずみ〕

ちゅうちゅく　ねずみの　たねさがし　ねこに　おわれて　はちかれた

進め方

　〔すっかときって〕で鬼きめ。子どもたちは輪になって立ち、鬼は中央に目を閉じてしゃがむ。右方向へうたいながら歩き、末尾の"た"で止まり、休みで中央を向く。鬼の真うしろになった子どもだけ手を離し、そっと鬼に近寄り、ちゅうちゅうちゅうと、うたったテンポでとなえ、合わせて肩を三回たたき、すぐに、自分のいた輪の切れ目から外へ逃げる。

　鬼は、肩を打たれたらすぐ立ち上ってつかまえるが、輪の外へ逃げぬうちにつかまえなければ交代できない。子どもは、なかなか瞬間的に動くのが難しいので、三回打って逃げてもつかまらぬことがある。

ねらい

　実際の鬼ごっこに参加するのは二名である。全体をひとつのドラマとしてとらえぬ限り、意味は少なくなってしまう。誰が鬼、誰が真うしろ、その特定の二名がどうなったか、そういった子ども同志の結びつきが、それを支える。

音楽的な内容

　止まる、中央を向く、このタイミングがなかなかうまくいかない。中味としては、この遊びの人間関係なのだが、ここまで複雑になると、いよいよ細部も重要となる。

これまでの歌の一節(二小節)を、教師→子どもとうたって、聴唱をする。これには、タイミングの問題も大きく含まれている。

18 〔とんがりやま〕

♪ とんがり やまの とんぼう は おっぱい のんで ねんねして
おんぶ して だっこして くるりと おまわり じゃんけん ぽん

進め方

二小節ずつ変る動作。しっかり伸ばした手で胸の前に山を作り、空間を打つように四拍上下。それをぼうしにして頭上で四回上下。ミルクを飲む形で四回上下。手を合わせほほのところでねるようにして四回上下。手を背におんぶのようにして四回上下。自分の右を頭にした赤ん坊をだく形で四回上下。両腕を振って四歩足踏みで一まわりする。止まってじゃんけん。勝敗は無関係な、しぐさの遊びとする。

ねらい

みんなが共にすることの重要性は前述した。楽しくやることと、必要な規律を見逃すこととは同じではない。

音楽的な内容

拍、高低、強弱、聴唱などは、しっかり行なう。間に遊びを入れ、前後をこのような課題で指導案を組んでもよい。

19 〔あかおにあおおに〕

♪ あかおに あおおに はりのやま のぼれ じごく ごくらく さかおとし

進め方

三人組になり、二人が両手をつないだ中に一人がどちらかの子どもと向かい合って立つ。中の子は、両手を輪の外に脱力してたらし、三人ともやや足を広げる。

この三人組にならなかった端数が鬼になる。三人組は部屋に適当に散開し、うたに合わせて左右に振る。中の子どもも左右にゆれる。鬼も、中の子どもと同様にゆれる。

　末尾の"し"で振れた方向の手を離す。中の子どもはそこから外に出て、別の空いている輪に入る。鬼だった子ども急いで入る。ここに出た端数が二回目の鬼となる。

　開始の合図で二回目を始める。

ねらい

　誰とでも三人組める。そこでの役割分担ができる。端数が鬼を引き受ける。輪は誰でも迎え入れる。

　後半のいす取りに似た部分の活発さが全体を支配しないようにする。うたい終って輪が開くまでは、ゆったりと振る。興奮の余韻が終ったらすぐ静かになって、次が始められる。

　以上は、なかなか難しい。とくに、最後に到達するまでのため が十分にできるようになるには、相当の指導が必要である。

音楽的な内容

　ひとつの感情に支配されてしまうと、表現の幅も、感受性の幅も、共に狭いものになってしまう。後半の活発さと前半の静けさ、この対比をきちんとすることによって、それらの幅も広げられる準備となろう。

　とくに、活発な曲など、その感情に引きずられ、テンポが速くなってしまう。このとき、もうひとつの静けさが、底に対比されていなければならぬ。

　技術的には、これまでの音構成（レを中心としラをもうひとつの中心とするソラドレミの音）で、四拍の節を教師がうたい、子どもが聴唱する課題を行なう。節は、マ、パ、モ、ロなどの音を用いる。

20 〔とんびとんび〕

（楽譜）
とん び とん び わ を まわせ　とん び は し な の の
　　　　　　　　　　　　　　　　　　　（く ま の）もある
か ね た た き　い ち に ち た た い て こ め さん ご う

進め方

　輪になって、うたいながら歩く。八小節目の"き"で止まり、次の休符で中心を向き、ひざで軽く上下させながらひざの上を両手で打つ。最後の休符でからだをおこし、すぐ手をつないで、次を始める。

ねらい

　みんながそろってする遊びであり、同じねらいが、よりよく果されなければならぬ。

音楽的な内容

　速くならない。このことについては、〔あかおにあおおに〕のところで述べた。また、八分音符が付点にならないよう気をつける。動きが軽いと、歌ははずみ勝ちになる。

　関係がよければ、この簡単な歌に、非常に豊富な内容が盛り込まれる。

21 〔いっぴ〕

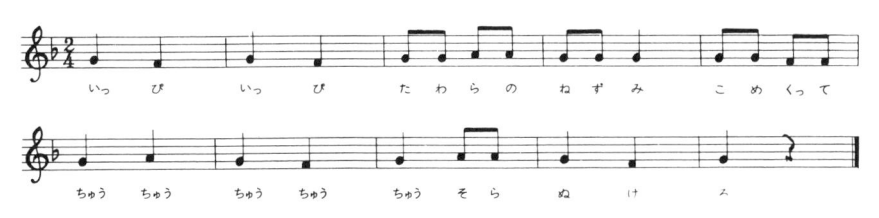

（楽譜）
いっ ぴ　いっ ぴ　た わ ら の ね ず み　こ め くっ て
ちゅう ちゅう ちゅう ちゅう ちゅう そ ら ぬ け ん

進め方

　新しい鬼きめである。〔すっかときって〕と同様に行なう。

ねらい

　長い休みあけには、これまでと変った要素があった方がよい。正月休みのあとに鬼きめまで新しくして、心構えをさらにきちんとさせる。

22 〔かわのきわの〕

かわの きわの みずぐるま くるりと まわるは みずぐるま
みんな いそいで ふたりづれ のこりは おによ いちにっさん

進め方

　奇数の遊び、全体が円となり右方向へ歩く。鬼一人が円の中で円にそって反対に歩く。末尾の"いちにっさん"で手を三回打ち、急いで誰かと二人組になる。相手の背に両手をまわして、しっかりだき合った二人組。そのとき鬼も同様にして二人組になる。

　一人余り、その子が次回の鬼となる。開始の合図は鬼がかける。同じ相手とばかり組まないようにする。

ねらい

　役割分担と、前半手を打つまでと後半の活発な二人組になる動きと気分が変る点、これをしっかりと指導する。

　子どもたちは、誰とでも二人組になれることが大切である。

音楽的な内容

　円が美しい歩き方できちんとわまる。手を打つ部分を急がない。その後の活発な動きとその興奮がいつまでも尾を引かない。こうした中でのさまざまな関係が豊かな内容を構成していく。

　声に出してうたっていた歌が、心の中の歌になったとき、始めて、合うということが本当のものになる。その準備として、これまでの歌で分担唱や交互唱を行なう。

23 〔くまさん〕

くまさん くまさん くるりと まわり くまさん くまさん てあわせ しましょ

[楽譜:くまさん くまさん かたあし ついて くまさん くまさん またあそぼ]

進め方

　内円は外向き、外円は内向き、内外が一人ずつ向かい合い二重円になる。二小節毎に動作が変る。末尾の休符で外円のみ、一人右へ移動する。動作は、四拍手を打つ、四歩足踏みでその場を一まわり、四拍手を打つ、相手と両手合わせ四回、四拍手を打つ、片足をつま先まで伸ばして床を四回打つ、四拍手を打つ、右手を相手の右手と合わせる、末尾の休みで外がわのみ右へ移動する。

　移動すると二回目が始まる。速くなったり、八分音符が付点のようになったりする点に気をつける。

ねらい

　隊形を作り、二組の役割ができるというのは、易しいことではない。内円とて、最初の位置を保つのは容易なことではない。

　これまで、円を作る、輪になる、列になるなど、さまざまな隊形を作ってきたが、まわりとの関係で空間的位置を決め、保持できるということは、自分の輪郭がはっきりしていく大きな要因でもある。こうしたことを、きちんとしておくことが、非常に重要なことなのである。

　これまでの成果が、ここでの隊形作りとその保持で問われることになる。

音楽的な内容

　子どもが主導権を持つ活動、これが遊びだといってよい。そして、これが子ども自身の生活だともいえる。この中で機能することが音楽の内容を豊かにするのであって、この様相をことば化したものをうたうことによってではない。

　鑑賞とても、この生活を内容として聞くのである。したがって、器楽などは、技術的側面にはいくらか役立つだろうが、音楽の内容を豊かにする点では、有害でしかない。

　この複雑に展開し、一回毎に相手が変るという点で内容にも多様な変化をもたらす遊びを、美しい歌と動作で行ないたいものだ。

24 〔おててつないで〕

♪ おてて つないで あまんじゃく こいよ さけを のますぞ かしやるぞ

進め方

　二人が手をつないでたてに並び、円を作る。鬼が二人、これも片手をつなぎ（右と左）、並んだ列に向かい合って片手つなぎの門をつくる。列はうたいながら歩き、その門をくぐって、円形にまわっていく。くぐる際、右側の子どもが前に出て、一列になるようにする。末尾の"ぞ"で、門は、二人の間のつないだ手の所に門を落とす。これで捕えられたわけである。つかまった二人組は、最初の門の後に、同様に門を作る。円の子どもはへり、門は増えていく。全員つかまって一回終わる。始めにつかまった組が次回の門。

ねらい

　二人組が単位となって役割分担し、相互に増減がある。二人がよい関係を作り、役割がうまく果たせ、遊びが美しく進行することで、この関係の変化が、貴重な経験となる。

音楽的な内容

　門をくぐるとき急がない。ための重要性は前述したが、たんたんと進んできて、門が落ちそうになる緊張を、気持ちだけにとめておくことが、音楽的内容を充実させていく大事な点である。

　技術的な課題は、これまでの歌をリズムで打ってみる。休符は両手を左右に開く。

25 〔ひとまねこまね〕

♪ ひとまね こまね まねばっか しても ねこの まねは できるか

進め方

　最初の鬼と二番目の鬼と二人決める。最初の鬼は輪の中央に目を閉じてしゃがむ。二番目の鬼は、最初の鬼の後に輪の方を向いて立つ。うたいながら輪はまわり、末尾の"か"で止まり、休符で中を向く。二番の鬼が、輪の近い子ども

をはっきり指差す。差された子どもは"にゃあにゃあにゃあ"と三声猫の声を出す。最初の鬼は、その声で誰が鳴いたかを当てる。当たらないときはもう一度鬼となる。当たったなら、二番の鬼は輪に入り、当てられた子どもが最初の鬼になり、最初の鬼が二番目の鬼になる。

ねらい

声で誰かがわかるということは、対人認知の分化発達を示している。四歳の最後には、そこまでに達するのが普通である。あまり当たらないようであれば、教育の仕方について反省してみる必要がある。

また役割が三役であり、これを誰もが果たせるようにする。また、この段階では、そうなっていなければならない。

音楽的な内容

対人認知が分化しているなら、関係は一層豊かなものになっていると考えてよい。そうであれば、子どもたちは、充分な音楽的経験をしたといえる。

この経験を曖昧なものにしないためにも、技術的課題を十分に果たしておかねばならない。

5歳児のカリキュラム

編作曲・鈴木敏朗

1 〔おてんでんぐるま〕

おてん でんぐるま に かね は ちのせて いまに
おちるか まっさかさんよ すっとと ーんとん

進め方

　利用の場面はいろいろあるだろうが、最もよい時を選ばねばならぬ。円形にすわった子どもをはじから呼びだし、前向きに教師のひざの上にすわらせ、うたに合わせて足首を上下してゆする。末尾の"とん"で足を開くと、子どもは間から落ちる。しっかり支えてやらねばならぬ。

　終ったら、次のようにささやく。教育は本来秘め事である。また、愛情も同様、あからさまで露骨なものではない。ささやくことが大切なわけはそこにある。

「年長になったね」
「幼稚園で一番大きいんだよ」
「あなたのこと大好きだから、先生も頑張って、いろんなこと教えるから、あなたも頑張ってね」
「○○先生(前の教師)は好き？」
「私は、○○先生ととっても仲良しなんだ。同じくらいいい先生になるから、私のことも好きになってね」
「さあ、席に戻って、しっかりすわっていなさい」

　持ち上がりの場合は、途中でいくらか工夫しなければならぬ。いずれにしても、まずスタートでいい教師―子ども関係を作ろう。

ねらい

　年長が四歳からの連続だと考えるより、もう一度改めて始めると考える方が正しい。とくに人間関係については、洗い直してみなければならぬ。

また、幼稚園中に影響を与える年長は是非ともそれがよい影響であるようにしなければならない。そのためのいろいろな教師からの要求もある。
　これらのことが可能な土台を作るのに、この遊びによって、教師－子どもの関係をつけておくことが大切である。

音楽的な内容

　年長になっても、これまで同様、教師－子どもの肯定的関係が土台となって、音楽の内容を豊かにしていく。
　その上、さまざまな歌を、年長組全体でうたうという、もっと広い関係の中の音楽も、年長になると行なうようになる。
　さらに、音楽を組み立てるさまざまな仕組みを、これまでのわらべうたを素材にして用いた、二声、三声の合唱曲といえるものも、行なうようになる。
　遊びうたの数は、三歳、四歳に比べ、少なくなる。その分、上記のような活動が加わるわけだが、また、技術的な課題も増える。
　なお、わらべうたを用いた合唱曲については、本書後半の部分にある。

2 〔まわるまわる〕

進め方

　輪になりうたいながら右方向へ歩く。末尾の"る"で止まり、手を離し、次の休符で二人組にだき合う。このとき、休符の間にすぐ組になれなかった子どもはアウトである。二人組の子どものみ、すぐ離れ、一回じゃんけんをする。このじゃんけんも、歌の中であるので、テンポに乗ってする。負けた子どものみアウトである。
　二人組になれなかった子どもと負けた子どもが抜けて、二回目を同様に行なう。最後は一人になる。

ねらい

　アウトの子どもも、うたうことで最後まで参加する。

音楽的な内容

全体がテンポをくずさずに進行する。

リズム唱（四分音符をター、八分音符をテイ）を加えた四拍のリズム打ちを教師が行ない、拍を受けて子どもがリズム唱しながら打ち返す応答。これを技術的課題とする。

後半の合唱曲から交互唱を一つを選んで、教師－子どもたちでやってみる。高さをいろいろに変えて行なってみることで、高低の確認もできる。

3 〔めんたまたって〕

めんたまたって ちょろちょろ はさみふって ちょろちょろ
あわふって ちょろちょろ すなんなか ちょろちょろ
おまえは まえに あるけんのか

進め方

中央を向き円形に立つ。両手をはさみにして頭の左右にかざす。一拍目、はさみを右へ振って、右足を横に出す。二拍目、はさみをもとに戻し、左足を送って右足につける。このくり返し。

ねらい

単純な動作を、互いに見かわしながら、よい関係をそこに映し出す。

音楽的な内容

二拍子の動作である。

4 〔えびすだいこく〕

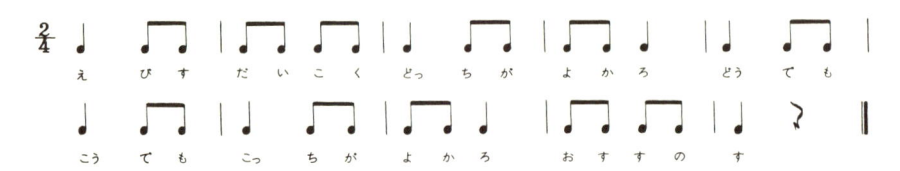

えびすだいこく どっちがよかろ どうても
こうても こっちがよかろ おすのす

進め方

鬼きめ。これまでと同じ方法である。第一回目で教師がやり、当たった子どもが鬼きめをしてもよい。

5 〔おちゃをのみに〕

(楽譜: おちゃを のみに きてくだ さい はい こんにちは / いろいろ おせわに なりました はい さようなら)

進め方

〔えびすだいこく〕で鬼を決める。全体は輪になって右へ歩き、鬼は輪にそって輪の中を逆方向へ歩く。四小節目"さい"で止まり、"はい"で手を離し、それを前にあてて中央を向く。"こんにちわ"でおじぎをし、"いろいろ〜なりました"で手を打つ。"はい"で手を前にあて"さようなら"でおじぎをする。最後の休符で手をつなぎ、進行方向をきちんとむく。

さて鬼は、輪と同じところで止まり、"はい"で、きちんと輪の一人と向かい合う。おじぎは一緒にする。次の休符で向かい合った子どもと両手をとり、左まわりで一回半まわる(いろいろ〜なりました)。ちょうど位置が入れかわる。"はい"以下は輪と同様にする。鬼が代ったわけである。このまま続ける。

鬼が間をとってうまく歩けるようなら、複数にしてもよい。

ねらい

いろいろな二人の関係が中心になって、全体が結びついている。この全体を、美しい動作と歌で行なうこと。

鬼が輪にそって歩く、止まる、きちんと一人と向かい合うというのが、易しくない。また、交代の一回半まわりを、顔を見合わせてうまくまわるのが難しい。

音楽的には、タイミングが複雑になっただけで、これまでと同じである。

6 〔じごくごくらく〕

じ ご く ご く ら く え ん ま さ ま こ わ い は り の や ま へ と ん で い け

進め方

　三の倍数人の遊び。二人余分なときは、空の輪を作るとよい。一人余分なら教師と空の輪を作る。子どもの移動で空の輪はまわる。

　三人組になり、二人が両手をつなぎ輪をつくる。一人が中に入り、円の中央を向くことになるのだが、一方の子どもと向かい合うように立ち、両手を輪の外に出す。この組が隣合わせに並ぶように円を作る。歌と共に輪の右から左右に拍で振る。末尾の"け"がちょうど右へ振ったときに当たる。このとき、振った側の手を離す。中の子どもは、そこから隣の組へ移っていく。輪は、休符で、つないである方の手を、上に半円を描くように戻して、左からくる子どもを輪に入れ、離した手もつないで、二回目にそのまま入る。中の子どもは、輪をひとつずつまわっていく。

ねらい

　二役に分かれる。三人組が単位である。これが、中の子どもがめぐることによって、全体がひとつになると同時に、三人組の関係も変わる。大変難しい遊びだが、美しくやるように指導する。

音楽的な内容

　遊びの中における関係がどう構成され、どう変化していくかということが、主要である。

　技術的には、リズム唱によるリズム打ちを、拍の歩行と共にする。

7 〔さらばたし〕

さ ら ば た さ ら ば た し し ず か に わ た せ こ が ね の ゆ め
お に の し ら ぬ ま に だ れ の て に も っ て る か

進め方

円形に立つ、またはすわってもよい。左手を、手のひら上にして前に出し、右手は、左手にあるものをとって、右側の人の左手にわたすような動作を拍でする。一拍目、自分の左手の上に右手を置き、二拍目に右の子どもの左手にわたす。ゆっくりうたう。

鬼をきめ、鬼は中央にはいる。円の一人が小さいもの（小石、おはじき、紙をまるめたものなど）を持ち、それを右へまわしていく。末尾の"か"で、円の子どもは両手を合わせてにぎる。鬼は、誰がもっているかを当てる。当たると、その子どもと鬼が交代する。

ねらい

物を媒介に全体がひとつになる。当てるときは、鬼と円の子どもの役割が強く出る。このあたりが、きちんとできるように指導する。

音楽的な内容

歌と共に、動作が美しく行なわれること。この拍感は、なかなか難しい。また、表情、視線などが、明るく、全体がつながっているようになることが、音楽の内容を肯定的なものにする。

8 〔ばんけふきのとう〕

ばんけ ふきのとう ふゆんなったら どうする こも かぶって ねんねこしょ

進め方

一と二の二人の鬼を決める。他は輪になり、前半うたいながら右へ歩く。一の鬼は中央でしゃがみ、眠っている。二の鬼は輪のそばに立ち、動く輪を一人ずつ軽く触れていく（拍にあわせて）。四小節目"る"で輪は止まり、そのとき触れられた子が輪から離れ、ちょうど"ねんねこしょ"で眠れるように、一の鬼の場所へ行く。一の鬼は、二の鬼になるため、後半で輪のそばに行き立つ。二の鬼は、一人抜けた輪に入る。こうして、続ける。

ねらい

単純な遊びは、なにもかもが心地よくできたときにだけ、喜びがある。これ

が楽しく展開できるようであると、相当教育がうまくいっていると考えてよい。

音楽的な内容

　輪や円になる鬼遊びは、輪や円の方も、隣が変わっていく。こうして、少しずつ関係に変化が生じる。

　四歳からの技術的課題を、確かめておくことも必要。

子ども同志の関係

　子ども－子ども関係をあせらないと前述した。しかし、年長のこの時期には、誰もが友人と有機的に遊びを展開できなくてはならない。

　教師－子どもの関係で、子どもの音楽を構造化するのは、水準に限界がある。学習意欲は、教師から受け入れたものが、生活実践の中で構造化されたときに生ずると考えてよい。それを果たすのが、子ども－子どもの関係である。

　しかし、この関係も、規律なしには、発展しない。偶発的な出合いの中には、自発性も能動性もない。規律のもとに、必然的なつながりをもつ働きかけのみが、能動的かつ自発的なのだ。遊びは、子どもが主導権をもった子ども自身が主人公の世界であり、そこでは子どもが一人前として振舞うのであるが、これとても、規律なしの偶発的な出合いにかけてはならない。

　こう考えると、作品から始まる音楽教育への疑問が一層明確になる。それは、賢い消費者を育成することでしかなく、音楽の生産者を育てることではない。

　こうして、作品指導にそそぐエネルギーを遊びの発展のためにそそいだ方が、よい音楽教育ができることになる。

9　〔うちのせんだんのき〕

[楽譜:
うちの くぐりど くぐりよ いところ
どんどん しゃんしゃん どんしゃんしゃん うちの くぐりど
くぐりにくいところ どんどんしゃんしゃん どんしゃんしゃん]

進め方

　輪になり、右へ歩く。四小節目"よ"で止まり、手を離し、ひざ、手、ひざ、手と四拍打つ。再び手をつないで四小節歩く。"どんどん〜しゃん"は再びひざ、手と四拍打つ。

　あらかじめ、輪の一か所を切ることに決めておき、切れた末尾が二人つないだ手を上げて門にする。そこを、くり返し記号から後をうたいながら先頭からくぐっていく。最後に門も自分たちでくぐり、再び輪になる。歌は、"どん〜しゃん"の部分をうたい終ってから始めに戻り、くり返す。

　次に切れるのは、門になったところ。くぐり終ったら、もとの輪になるように歩き、これからくぐる子どもたちは、輪をちぢめるようにしていく。門は足踏み。

ねらい

　隊形が変化する遊びは、自他がはっきりし、空間的にも、その関係を把握できるようになっていないと難しい。長い休みが終った後に、一層困難な課題を出すことは、教育が成功しているときなら、子どもたちの新たな意欲を呼びおこす。

音楽的な内容

　これまでと同様である。

10 〔うちのこんぺとさん〕

うちの こんぺとさんは まいにち めそめそ めそめそ

(繰り返し部分 歌詞:)
すすすすすり／ままままが／きいしみいり／いらほたま―／ふあしほたし
すすすすすり／ままままが／きいしみいり／いらほたま―／ふあしほたし
でしにてにが／しょうーずんず／とごぎさはた／もうーずんず／たごぎさはたね
をををををを／だとととととと
みももももも／なたたたたた
たたたたただ／いいらぽしたんま
なふあしほたし

進め方

鬼一人を決める。鬼は中央で、他は円形に立つ。円の子どもは、一拍目自分の左手を打ち、二拍目で右隣の子どもの左手を打つ。手合わせを円になってするわけだ。その部分を鬼は手を打つ。同じことを二度くり返している部分は、最初の小節が鬼、次が同じことを円の子どもと、交互に動作する。円の子の部分は鬼が手を打ち、鬼の部分は円の子どもが手合わせをつづけている。

"めそめそ"、両手甲を目の前で上下二回。
"ふきます"、両手のひらで、目をふくように上下二回。
"あらいます"、左こぶしを右こぶしでこするように、洗う動作二回。
"しぼります"、しぼる動作二回。
"ほします"、さおにかけるように手を伸ばし、前後に二回動かす。
"たたみます"、手のひら合わせるようにたたむ動作二回。
"しまいます"、両手のひら上に向け、のせた物を入れるように前後二回。
"がりがり"、ひっかくように両手で上下二回。

終ったら、鬼が次の鬼を決める。

ねらい

動作がそろうところと、受けわたしてずれるところをしっかり指導する。

11 〔やまのほそみち〕

（子）やまのほそみちどこにゆくってみござる
（門）おやにのすみかへーびにゆくみちがえじゃる

進め方

　二人組でひと組が鬼になる。鬼は、ひそかに一方をへび、他方をかえると決めておく。鬼は両手をつないで門をつくり、子どもたちは片手つなぎの二人組で並んで歩き、門をくぐるときは右の子を先にくぐっていく。歌は子どもたち四小節、門四小節と交互にうたう。その間、門をくぐりつづけ、末尾の"る"で門を落し、一組をつかまえる。

　門は、つかまえた一組を一人ずつ二人でわけ、そっと"へびかかえるか"と聞く。返事によって、最初に決めておいた門の子の後に、両肩に手をかけてつく。二回目が始まる。このようにして、次つぎに後についていき、門の子の後には列ができる。歌は、つかまった子は門の部分をうたう。

　最後は、へび組とかえる組の人数を比べる。

ねらい

　門とその他の二役が、だんだんへびとかえるが加わって、子どもたちが少なくなっていく。最後は、へびとかえるの二組だけになる。この変化をきちんととらえて指導する。

音楽的な内容

　交互唱が始めて遊びに出てきたわけだ。うたわぬ部分も、聞きつつ心の中でうたっていることに注意。

　このことが重なると、技術的課題として、歌を内化するイナーシンギングを行なう段階に至る。

12 〔ひいふうみっか〕

ひい ふう みっ か みっ か い か い の か い ぐり
せ かずのこ やまで ぬけらん せ

進め方

鬼きめ、途中に休みがある。ここで一度止まり、再びこぶしをついていく。以後の鬼遊びは、この鬼きめの歌を用いる。

13 〔あめかあられか〕

あめか あられか てっぽうか うめに うぐいす
ほうほけきょ それとも いしの じぞうさま か

進め方

鬼を一人決める。鬼はてぬぐいで目かくしをして、輪の中央にしゃがむ。輪はうたいながら右へまわる。末尾の"か"で止まり、最後の休符のタイミングできちんと中央を向く。そこで鬼は立ち上り、輪の子どもを一人つかまえる。そして、歌の中に出てきたものをひとついう。つかまえられた子どもは、いわれたものの音を、はっきり声に出す。その声を聞いて、誰をつかまえたかあてる。

"あめ"——"ざあざあ"

"あられ"——"ぱらぱら"

"てっぽう"——"どーん"

"うめ"——"ぽつぽつ"

"うぐいす"——"ほー、ほけきょ"

"じぞうさん"——"うーん"

ねらい

対人認知が分化していれば、声で友人の名が当てられる。また、鬼は、目か

くしをしても、こわがらずに、そろそろと歩ける。物の名は、当て易い音のものをいうか、自分から難しくしているかなどに、注意する。

当たり、はずれなどの声は、あがった方がよい。

目かくしを誰がするか考えておく。

音楽的な内容

輪がまわる。うたう。こういったことが、いよいよ美しくできなければならない。もう、逆に、音楽の美しさが、遊びの楽しさに影響するようになってきている。

14 〔まめがら〕

まめ が ら が ら が ら さ く ら の しょっ こ

ま た き て く ん ぐ り く る り と ま わ れ

進め方

二人組で、向かい合って両手をつなぐ。この二人組が他と背中合わせになるように並んで円を作る。

つないだ手を、やわらかくゆったりと左右に振る。"くんぐり"の二拍で、振った方へ内側の手を振り込むようにして、からだをくぐらせる。背中合わせに両手をつないだ形になる。次の四拍は足踏み四歩で、その場で半回転する。背中合わせの両者が、場所を入れかえたようになる（結局、最初に手をつないだとき向いていた方を向くことになる）。

ここで、背中の子どもと手をはなし、隣の組の向かい合っている子どもと手をつなぐ。切れ目なく、相手が変ったところで二回目に入る。以下くり返し行なう。

一重円を、相手を変えながら、自分の方向へ進んでいく形になる。

ねらい

二人組の動作でいながら、全体がひとつになっている。相手を変えていくことで、他と結びついている。このときの円を、美しく作りつづけるように指導

する。どんな相手と二人組になっても、いつも美しいしぐさができる。

音楽的な内容

タイミングが狂ってはならない。それでいながら、二人が見かわしつつ、二人の世界をも作る。この変化が豊かな内容となる。

イナーシンギングを、これまでの歌で行なう。これは、教師が非常に難しい。

まず、ある歌をうたい始める。途中で、教師が"ハイッ"と合図をすると、そこからはだまって、続きを心の中でうたう。再び教師の"ハイッ"の合図で、次の拍から声に出してうたいつづける。

教師の合図のタイミングも、また、だまっているとき、教師も心中でうたうわけだが、そのテンポが正確であること、次の入る合図が、切れ目とタイミングがよいことなど、教師の方に要求されるものが多い。おとなの中で、くり返し練習をしておく。

15 〔ひとやまこえて〕

(楽譜:
ひとやまこえて ふたやまこえて おみやのまえて
たぬきさん たぬきさん あそぼじゃないか いまごはんの
まっさいちゅうよ おかずはなあに うめぼしこうこ
ひときれちょうだい いやじゃいやじゃ いやしんぼ)

進め方

Aは外円、Bは内円双方向かい合う。外を二〜三人多くしておく。双方共動くときは右方向、つまり逆向きになる。

六小節は、両方うたいながらスキップしてまわる。次の四小節は、A止まり、中央向き、四拍手を打ち、四回手まねき。その間Bは、うたわずに歩いている。"いま"からの四小節は、B止まり、三拍手を打ち、四回たべるまね。その間A

は、うたわずに歩いている。次の二小節、ＡＢ共に止まり向かい合い、ＡのみＢを指差しながら上下に振ってうたう。次の二小節、ＡＢ止って向かい合ったまま、Ｂのみたべるまねをしながらうたう。最後の四小節、ＡＢ共にスキップ。

ねらい

全体が、ゲーム性をもたないしぐさでありながら、非常に複雑である。このひとつひとつの動作を十分に行ないながら、なお、全体の流れを感じとって喜びとするには、子ども─子どもの非常に豊かな関係が背景に必要である。

おとなの都合以外の何物でもないお遊戯会の振付踊りと違う。特訓をしてできるようになっても意味がない。教育が成功していれば、数回の練習で、美しくできるようになる。

音楽的な内容

付点のリズムとスキップの動作が組み合わさって、躍動する気分となる。しかし、これとても、抑制なしにでたらめに動きまわってはならない。スキップ、歌、ともによくコントロールされていることが、この躍動を、真に内化することができるのだ。

16 〔じゃんけんほかほか〕

♪ じゃんけん ほかほか ほっかいどう

進め方

鬼を一人決める。円形に立ち、手を打ちながらうたう。鬼は、スキップ四回で円の子ども一人の前へ行き、きちんと止まり(三小節目の一拍目)、"ほっかいどう"でじゃんけんをする。勝った場合にのみ、鬼は、負けた子と交代できる。その他の場合は、また、スキップ四回で別の子どもの前へ行き、じゃんけんをする。勝つまで同一の鬼。

勝って円に入った鬼は、その場にしゃがみ、以後は、手を打ってうたうだけで、じゃんけんの相手とはならない。最後の一人になるまで、休みなく続ける。

ねらい

全員が手を打ちうたう。鬼がとくに重要な役割をもっている。この動きが完

全に果せるように全員がなるのは、易しいことではない。
音楽的な内容
　ここでは、スキップを一人の鬼が代表し、そこに、躍動感を集中させる。
　技術的課題は、リズム唱のリズム打ちと、イナーシンギング、分担唱などである。

17 〔ほうずきばあさん〕

（楽譜：ほうずきばあさん　ほうずきおくれ　1.2.まだめがてないよ／3.もうめがでたーよ　ばあさんはじからどんどんぬいとくれ）

進め方
　鬼きめで、鬼とばあさんを決める。両者は二メートル位離れて向かい合って立つ。子どもたちは、ばあさんの後ろにしゃがむ。
　鬼は四小節うたう。
　子どもたち、次の四小節、反動を拍でつけながらうたう。
　このかけ合いを二回行なう。三回目のかけ合いで、子どもたちは、反動をつけながら立つ。
　ばあさん、最後の四小節うたう。

（楽譜：ちゅうちゅうたこかいな）

　終ってから、ばあさんは、立った子どものところへ行き、"ちゅうちゅう〜"と五人を肩に手をあてて数え、その子をつれて、もとの位置に戻る。五人は、鬼の後ろに立って、鬼となる。
　こうして、二回目が始まる。全員鬼になって終ったら、ばあさんは鬼になり、次のばあさんは、最初の鬼が、鬼きめをして選ぶ。

ねらい
　静かな、単純な減り増える遊びを、美しく展開することが中心。全体の流れ

をとらえていないと、喜びも生じない。

音楽的な内容

　まず、独唱ともいうべきものが出てくる。それを中心に、三つの役割による分担唱になっている。この全体が、一つの歌としてうたわれるためには、心の中で、他の部分もうたっていなければならぬ。この点をきちんととらえる教師の目と耳が重要。

18 〔はないちもんめ〕

（楽譜）

歌詞：
ふるさと もとめて はないちもんめ ふるさと もとめて はないちもんめ
たんす ながもち あのこが ほしい たんす ながもち あのこじゃ わからん
このこが ほしい このこじゃ わからん
○ちゃんが ほしい ○ちゃんが ほしい かって うれしい はないちもんめ
まけて くやしい はないちもんめ

（じゃんけん勝った方がA、負けた方がB）

進め方

　ＡＢ二組に別れ、一列横隊で向かい合う。ＡＢ交互にうたい、うたっているときは前進、うたわぬときは後退。それぞれの最終拍で、前進のときは軽くけり出し、後退のときは踏んだ足で止まる。

　相手の名を呼ぶときは、必ず向かって左端の子どもを指名し、中央でじゃんけんをし、勝った方が、負けた子どもをつれ帰ってくる。このとき入るのは、出ていったときの反対側になる。勝った方がＡとなって次回が始まる。ここからは"ふるさと……"には入らない。こうして、くり返し続ける。

ねらい

　太宰治が残酷に描いた"すずめすずめ"の欲しがられない子どもは、今のと

ころ出したくない。したがって、普通うたわれる"相談しよう……"はない方がよい。

　二組の交互の動き、同じ組は、手をつないでいることと、同じ動作で結びつき、相手の組とは、交互であることと、全体のゲームを成立させる不可欠のものであることによって結びつく。

　そこで、よい隊形を維持し、美しい動作で演ずることに注意する。

　著名な遊び故に、年少の場合にも行なったりするが、美しくは進行しないため、五歳も終わりの頃がよい。

音楽的な内容

　二組の変化、一方が減り、多方が増える、こういったことが中心となるが、とくに、リズムが付点にならないよう気をつける。それと動作のタイミングである。

　技術的には、これまでの歌を階名唱してもよい。

　リズムの問題だが、付点になるようであれば、"となりのおばさん"という、同じ遊びの歌を用いるとよいであろう。

　となりのおばさんちょっときておくれ、おにがこわくていかれない、

　ふとんかぶってちょっとおいで、ふとんないからいかれない、

　おかまかぶってちょっとおいで、おかまないからいかれない

　○ちゃん以下は、〔はないちもんめ〕と同じことばである。くり返しは頭から。

19 〔あぶくたった〕

1・2・3. あぶくたった にえたった にえたか どうだか
たべてみよう むしゃむしゃむしゃむしゃ 1・2. まだにえない
3. もうにえた

進め方

　鬼と親を一人ずつ決め、他は子となる。おには中央にしゃがみ、親と子は輪になって、うたいつつまわる。四小節歩いたら、次の四小節で輪のまま中央に

向かって歩き、休符で手を離し、"むしゃむしゃ"以下は、手をぱくぱくさせるようにしながら、四小節でもとの輪になる。これを三回くり返す。三回目は"もうにえた"とうたう。以下は次の問答。

親　　戸棚にしまいましょう
子　　そうしましょう
一同　わっしょい、わっしょい……
　　鬼をすみの方へ運ぶ。
親　　お風呂に入りましょう
子　　そうしましょう
一同　じゃぶ、じゃぶ……
　　風呂に入る真似
親　　お腹が空いたから、戸棚のあずきを食べましょう
子　　そうしましょう
一同　わっしょい、わっしょい……
　　鬼を運び出してくる。
一同　むしゃ、むしゃ……
　　食べる真似をする。
親　　くさっているから捨てましょう
子　　そうしましょう
一同　わっしょい、わっしょい……
　　鬼をすみの方へ運ぶ。
親　　もう寝ましょう
子　　そうしましょう
一同　ぐう、ぐう……
　　寝る真似をしゃがんでする。そこへ鬼が歩いてくる。

上記のような節で、問答が開始される。

鬼　　とんとんとん

一同　なんのおと

鬼　　風の音（これはせりふ）

一同　ああ、よかった（大げさに）

一同　ぐう、ぐう……

　　再び、上記の節から問答始まる。

鬼　　とんとんとん

一同　なんのおと

鬼　　雨（ねずみなどもある）の音（せりふ）

一同　ああ、よかった、ぐうぐう……

　　三回目の問答が上記の節で始まる。

鬼　　とんとんとん

一同　なんのおと

鬼　　あずきのおばけ

　一同ここで逃げ出し、鬼ごっことなる。二回目は、鬼が親に、親は子に、つかまった者が鬼になる。

ねらい

　三役協力しての、最後は鬼ごっこに至る緊張したドラマ。長い歌と問答を、鬼ごっこへのたんなるプレリュードとしてはならない。全体がひとつのドラマとして演じられることが大切。

音楽的な内容

　歌がない部分も、音楽の重要な内容となる。

20 〔ぼうさんぼうさん〕

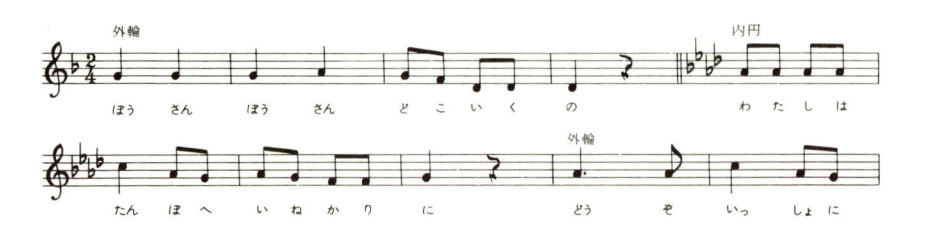

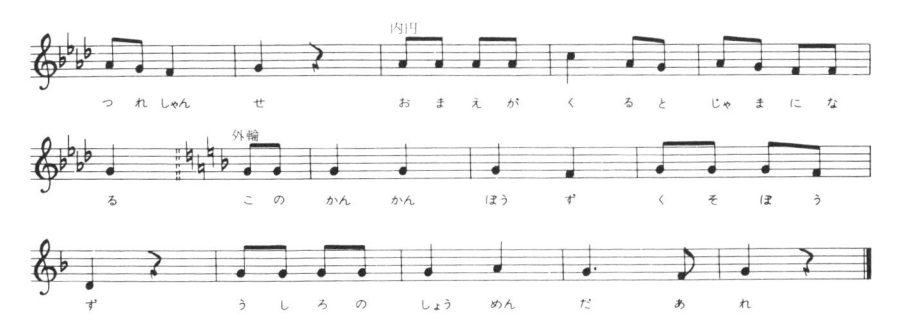

[楽譜: つれしゃんせ おまえがくるとじゃまになる このかんかんぼうずくそぼうず うしろのしょうめんだあれ]

進め方

　同数の二組になり、中央向きの二重円、内円の子はしゃがむ。目は閉じなくともよいが後ろを向かない。これが鬼である。外円は輪になって、うたいながら歩く。交互唱だが、外の輪は、うたわぬときも歩く。

　転調の前できちんと止まって、"この"以下から、鬼一人に一人ずつついて、両手で鬼の頭を軽くつきながら以下をうたう。終わると鬼は、自分の後ろが誰かをいう。名前の当たった子どもだけ、鬼と交代する。以下、再び始めから行なう。

　鬼の後ろに誰もつかなかったり、鬼がない子どもが出ても、そのまま続ける。

ねらい

　きちんと楽しく遊ぶことにつきる。

音楽的な内容

　途中で転調する。この部分をしっかり受けわたす。

　打楽器ひとつ程度で二拍子を教師がとる中で、リズム唱を伴ったリズム打ちをする。これには、節がついていること。

21 〔ことしのぼたん〕

こ と し の ぼ た ん は よ い ぼ た ん —
お み み を か ら け て すっ ぽん ぽん も ひ と つ か ら け て すっ ぽん ぽん

進め方

　鬼を一人決める。他は輪になり、鬼は輪の外。うたいながら輪はまわる。末尾"ん"の三拍目で止まり、次の休符で手を離して中央を向く。"おみみを……"では、人差指を両耳のところで四回まわす。"すっぽんぽん"は両手を上下交互にして手を三回打つ。"もひとつ……"以下も、"おみみを……"以下と同様にする。終わると鬼がやってきて、以下の問答。

鬼　いれて

子　いーや

鬼　山へつれていってあげるからいれて

子　山坊主が出るからいーや

鬼　川へつれていってあげるからいれて

子　川坊主が出るからいーや（皮がむけるから、もある）

鬼　海へつれていってあげるからいれて

子　海坊主が出るからいーや（うみがでるから、もある）

鬼　いれてくれないと、うちの前を通るとき天秤棒でぶつよ

子　大きい棒？、小さい棒

　　手で大小を表わしながらいう。

鬼　大きい棒

子　それならいれてあげる

　　ここで、鬼も加わって〔ことしのぼたん〕を一回する。終って次の問答

鬼　もう帰る

子　どうして

鬼　ごはんだから

子　おかずはなあに？
鬼　蛇と蛙
子　生きてんの、死んでんの
鬼　生きてんの

　ここから鬼は、輪を離れるように歩いていく。子は、鬼の後ろを指差しながらついていき、次の歌の問答が行なわれる。

[楽譜:
だ　れ　か　さ　ん　の　う　し　ろ　に　へ　び　が　い　る　わ　た
し　い　い　え　　　し　　　そう！]

　"そう"以下が鬼ごっこになる。つかまった子どもが次回の鬼。

ねらい
　複雑な問答と歌とが、鬼ごっこへの伏線として、見事に演じられるようにする。鬼ごっこを待ちかねてはいけない。ために注意する。
　鬼になりたくて、わざとつかまるような子どもがいるようでは、教育は、うまくいったとはいえない。

音楽的な内容
　うたう部分より問答の方が多い点、〔あぶくたった〕に似ている。ここでも、その他の部分がどう演じられるかが、音楽の内容を豊かにも貧しくもする。
　転調がある。ここから、うたい方も変化するようであってよい。

わらべうたを素材とする音楽教材
―― 幼児から小学生へ ――

本 間 雅 夫

はじめに

　以下は、わらべうたを素材として作られた教材集である。作られ方の仕組から分類され、ほぼ、易―難の順にまとめられている。

　今、われわれは、小学校の音楽教育においても、これらが中心となることによって、優れた音楽性が養われるとの結論に達している。この中のほとんどは、幼児においても、ここまでにあげたカリキュラムを正しく実践することによって可能であるとの実証を得ている。

　異民族の音楽、語法、音構造の異なる音楽、こういったものに触れることを否定するものではない。むしろ、積極的にすすめるべきであろう。その全ての理解の基盤が、新たな音構造の形成へ至る土台が、以下の教材を中心とする音楽教育にあると主張する。

　こうした結論に到達するまでには、さまざまな研究の助けを借りている。一般書であるという性格から、一いちの引用を上げなかったが、そのことは、明記する必要があろう。そして、直接的に関係するのは、わらべうたによる音楽教育の研究である。これまでにもさまざまな主張がなされた。本書は、それらのいずれかと直接的に関係をもつものではないが、また、それらのいずれにも学ぶことで成立している。

　ほとんどが民間教育団体の手になるものだが、今ここで、その歴史をざっと眺めておくことが、この教材集の導入にあたって、是非必要であるように思われる。

わらべうたによる音楽教育小史

1　当初から状況は複雑

　我が国で、わらべうたを音楽教育の柱とする主張が大きな動きをみせるのは、1960年代に入ってからである。民間教育研究団体である音楽教育の会（全国組

織で当時の会員が400名位)が軸となり、日教組教研を主な舞台として運動が展開された。それは、極めて活発であった。

故園部三郎氏がこの運動に果した役割は大きかったのだが、しかし、理論的基盤となると、組織の各部分でかなりのずれがあった。しかも、そのずれの生み出す誤解が外部からの批判として出されたりするところから、混乱が一層ひどくなるような現象もみられた。

奈良清利は、当時の音楽教育の会の研究の中枢にあって、次のようにいっている(「わらべ唄の諸問題―基盤、状況、展望―」『教育評論』6月号　1963年)。「最近、わらべ唄状況というべきものが存在しているように思う。わらべ唄の問題が、ある正しい観点をうしなって、なにかムードとして議論されているような印象」を強く受けるというのだ。

そのように書き出さねばならぬところに、当時の混乱がよく表われている。今読み返すと、当時の研究の幼なさや、音楽教育の全体状況を反映した弱点がかなり見受けられるが、音楽教育の会の運動の中枢で考えていた理論的基盤を相当的確に表わしている。その基盤とは、およそ以下のようであった。

明治以来の音楽教育を、西洋偏重の歴史であったとみるのだ。その功も確かにあったと認めつつもなお、音楽教育の出発をわらべうたによるものとしようとする。わらべうたをたんに民族の文化遺産と把えるのではない。日本語によって日本人となる、こうした歴史社会的に規定された事実から生ずる音の感じ方の基底が、子どものうたい遊ぶわらべうたに具体化されていると考える。

さらにそれは出発点である。音楽教育の全てをわらべうたによってなそうというのではない。自分たちの内部に、歴史社会的に形成された音の感じ方を土台としながら、その上に、より普遍性をもった音楽の世界を新しい伝統として形成しようと考えていた。

こうした考え方を実現させるための具体的方法は、少なくとも1963年の段階では、模索の域を出るものではなかった。

2　当時の具体的方法とは

奈良清利は、前掲論文の中で、次のように述べている。「わらべ唄のシステムによる音楽教育を可能にする仕事は具体的にふたつの面から考えられるだろう。一つは、『うた』としてのわらべ唄を数多く採集し、これをばらばらに解体して、

その中にある音楽的法則性を抽出し抽出された法則性を駆使して、音楽を身につけるための系統的教材(これをわらべ唄音組成によるソルフェージュと呼んでいる人もある)をつくる仕事と、いま一つは、そういう音感を基本的に育てることにも役立ち、そして多様な発展をもとげるよう刺激する歌曲としての教材(これは子どものバイタリティをエデュケイトする作品であると同時にすぐれた芸術作品でなければならない)をつくる仕事」である。

さらに、教育問題としてのわらべうたと、創作上の具体的問題としての伝統を、直線的に結びつけることの危険を指摘するとともに、その統一的観点を得ることの必要性および、日本の作曲家による「民族性追求の成熟した体験が、量としてもっともっと求められなければならない」ことも述べている。

しかし、当時の運動の場では、いわゆるわらべうた音組成によるソルフェージュの研究が主流であった。いずれにしても、この1962～63年頃は、現在、わらべうたの音楽教育が中軸としている遊びの問題は、具体的方法としての視野には入っていなかった。

3　二本だて方式という混乱

音楽教育の会の中では、常任委員のレベルでさらに学習、研究が行なわれ、それが「音楽教育研究の現時点的内容と問題―1963年12月27、28日音楽教育の会活動者集会のために―」(本間雅夫)というレポートになっている。実際は報告されなかったのだが、ここには、いくつかの注目すべき点が述べられている。

音楽活動をする能力を、子どもの発達の観点から把え直そうとする点も、その一つだ。中でも「子どもは如何にして、如何なる順序で音楽を獲得するのか」という題目のもとに心理学的観点を加えた考察が目につく。現在から見るなら幼なくもあり、誤まりもあろうが、当時としては、音楽教育をそうした観点から把えようとすることは少なかった。

そこでは、子どもが環境との相互作用で、環境の文化的な型に規定されつつ音楽活動の能力を身につけていく過程が、仮説として提示されている。その中に、わらべうたの問題を正しく位置づけようとしている。

もう一点、後に、いわゆる二本だて方式として矮小化され、固定化されてしまう考え方のもととなるものが示されていることである。しかし、ここに述べられた考え方は、音楽教育の会という一つの団体を研究の面から組織する方法

論として示されたものなのである。そのため、研究や運動の状況によって、不断の修正を必要とするものであるのだ。だからこそ「学習活動を組織するための視点と、これからの研究」の項にまとめられたのだ。やや長くなるが、以下に引用してみる。

「子どもたちに音楽の学習活動をさせるにあたって、次のように二つに区別して考え、その上で両者を構造化して、具体的プランとすべきであると思われる。

Ⓐ　それまでに獲得している自覚的表現能力（技術）と、限界を十分に考えた模倣能力、記憶能力を十分に駆使して、豊かな多面的な音楽活動をさせること。

Ⓑ　自覚的音楽活動能力を、発達と文化価値の視点からおさえ、順次に獲得させていくこと。

Ⓐを経験的学習，Ⓑを系統的学習と考えることも可能である。また、ⒶはⒷによって発展を保障され、ⒷはⒶの活動に支えられて可能になる。

Ⓑにおいては、音の運動を主体的に音楽の秩序性を把握することを通して自覚的にとらえる能力、いわば音の自覚化を中核として、それとのかかわりで、他の能力を組み込むことが必要であるように思う。―中略―

経験学習はⒷにとって必要条件ではあるが、充分条件ではないということになる。また、今までもⒷの学習を必要とみとめている場合もあったが、子どもの発達の問題が完全に脱落している場合がほとんどであった。

Ⓐの活動はⒷの土台の上になされ、しかも新しいⒷを可能にする地盤をつくるわけであるから、この両者をばらばらにとらえると、教育計画が不統一になってしまうことになる。したがって、今の時点で最も必要な研究は、Ⓑの部分をどのように組織するかということである。つまり、現代の価値の内容を、子どもの音楽する具体的な一つ一つの能力の発達に即して、順次に組み立てる仕事である。このことは、Ⓐの経験的な活動を明確にさせることになる―後略―」

以上だが、ここからわかることは、1964年3月の段階でも、まだ遊びのもつ教育的意味が具体的な問題として登場していないということである。

音楽教育の会は、この時点で内部に対立が生じ、主要メンバーが脱会することになる。

4　音階研究

『日本伝統音楽の研究』（小泉文夫、音楽之友社　1958年）は、日本の音階研究

に大きな功績となった労作である。ここでは、わらべうたの音階が、日本音楽における最も基本的音階であることを実証している。これがまた、わらべうたによる音楽教育の重要な理論的根拠の一つとなった。

その著者自身、わらべうたから始める音楽教育について意見を発表することも多く、したがって、60年代の始め頃は、小泉氏をも含めて一つの主張だと理解されていた。しかし、その後、いろいろな場で発表される小泉氏の所説から考えてみると、音楽的研究の成果と、教育についての発表は区別して考える必要があると思われる。

5　コダーイ・システム

わらべうたによる音楽教育を盛んにしたもう一つの流れは、ハンガリーの音楽教育、つまり、いわゆるコダーイ・システムの影響である。しかし、当時はコダーイ・システムの全貌が知られておらず、ただ、ハンガリーの民族的な音階から教育を出発させ、声による音楽が中心であり、ソルフェージュが重視されるなどということが、断片的にわかっている程度であった。また、コダーイやバルトークには、声のための教育的作品もあって、それがうたわれているなども、知らされていた。

コダーイ・システムが本格的に日本に紹介されるのは、羽仁協子氏の帰国後1967年頃からであった。

6　カール・オルフのシステム

オルフの学校作品による音楽教育が紹介されたのは、コダーイよりやや早かったが、60年代半ば過ぎまでは、わらべうたによる音楽教育への直接的影響は大きくなかった。

ただ、この方式が、教材としてドイツの単純なわらべうたを用いるということには、力を得ていた。したがって、当時、この方式を主張する人びとが、ドイツの教材をそのまま日本に持ち込む傾向をもっていた点に対しては、批判的であった。

オルフの方式がわらべうたによる音楽教育と直接的に結びつくのは、仙台を中心に行なわれたブロック方式においてであった(「新しい音楽教育の実践―わらべうたを起点とする―」渋谷伝、音楽之友社、1969年)。しかしこれも、現在は、ほとんど実践も研究もされていない。

7　教科書に登場

　文部省からも、日本の伝統音楽を教材として取り入れる動きが起る。これは主として鑑賞教材に日本音楽を導入するものであった。

　しかし、この動きの基盤となる考え方は、当時の民間教育団体の考え方と相違しており、わらべうたによる音楽教育の主張は、日本人だから日本のものをという、単純な結びつきを否定していた。

　しかし、文部省同様の考え方は民間教育団体の会員の中にも存在しており、そのことが当時のわらべうたに対する共通理解の不十分さを物語っている。

　この考え方は、民族文化の掘りおこし論とも無関係ではなく、日本人であることを因果関係の最初に置こうとする傾向が見られた。この考え方を支持することをとめることはできないが、異文化との交流をも積極的に考えねばならぬとき、現代の日本の子どもにとっての価値を問うことが、忘れられてはなるまい。

8　遊びが登場する

　脱会者を出した音楽教育の会は、1964年4月から、いわゆる二本だて方式を前面に出して活動を行なうが、最早、失速したという他はない状態であった。その中で、一時盛んになりかけたかに見えるブロック方式も、内部にかかえた問題を克服しきれぬまま、実践的な力を失なっていく。

　後半から70年代にかけては、北海道を除いてわらべうたの声が聞こえなくなってしまった。

　音楽教育の会を脱会したメンバーは、64年夏頃から、わらべうたによるソルフェージュを、低学年の具体的な授業実践の問題も含めて研究を続けることになる。ここでは、必然的に遊びが問題となってくる。

　わらべうた遊びを、音楽的構成や遊びの構造から分析し、教材として組み立て直す作業が進められ、遊びをも、授業として教えるべきものと位置づけることになった（『入門期の音楽指導』藤田恵一編著　明治図書）。

　このグループは、1967年、羽仁協子氏の帰国と共に、研究提携をすることとなったが、やがて、分裂して消え去り、あとには、藤田恵一を中心とするグループと、羽仁協子を中心とするグループという、個人的色彩の強いグループが両立することとなった。

9　集団を視野に

　60年代初頭に始ったわらべうたによる音楽教育の動きは、遊びを考えるところまでに至ったのであるが、音楽的側面への関心であって、どういうわけか、子ども集団を考えることがなかった。

　これまで述べてきた流れと、不思議なことにまったく接触することなく、集団の問題から音楽教育を考えているグループがあった。東京保育問題研究会の音楽部会である。

　ここでは、その当初から集団が問題であったのだが、そこからわらべうたに到達するのは、1960年代の後半になってからである。したがって、始めから遊びが中心であり、そこにおける対人的相互交渉の水準によってわらべうたが分析されていた。ある意味では、まったく逆の道筋をたどったともいえる。このグループの理論的中核が、本書の共著者鈴木敏朗であり、始めは、個人的提案としてグループに提示された(『音楽とその導き方』鈴木敏朗、明治図書 1973年)。

　やがて、少しずつ交叉研究がなされ、音楽的課題をも加えながら、その集団についての考え方を発展させていった(『伝えあいの音楽教育』 東京保育問題研究会音楽部会　いかだ社　1975年)。

10　結びにかえて

　個人的なことになるが、本書は、この鈴木敏朗と本論の筆者本間雅夫との出会いによって成立したものである。私たちとすれば、これを、幸運な出会いであったと考えるべきなのであろう。しかし、互いに歯に衣着せぬ物いいで討論を重ねていくことは、時折、もしかしたら不幸な出会いではなかったのかとも思わされる。

　ともあれ、こうして本書が成立した。一読しておわかりのように、集団的側面からアプローチした者と、音楽的側面からアプローチした者の役割は、そのまま出ているようである。

教材集——————————本間雅夫編————94

- 交互唱　*94*
- かけ声　あいの手　*98*
- オスティナート　*106*
- カノン（輪唱）　*112*
- ユニゾンから四度へ　*121*
- 自由な対旋律　*124*
- 三声合唱　*128*

　　　H.＝本間雅夫　編作曲
　　　S.＝鈴木敏朗　編作曲
　　　H.S.＝本間・鈴木合作
　　　無印＝伝承曲
　　　その他は作者を明記

94

● 交互唱

1 〔○○ちゃん〕

○○ちゃん

はあい

2 〔ちいさいなみ〕 S.

ちいさいなみきえろ

おおきいなみこいよ

3 〔ねむれねむれ〕 S.

ねむれねむれ

ねむのはねむれ

4 〔おんがめ〕 S.

おんがめおがめ

おがまにゃとうさん

5 〔おたまじゃくし〕 H.

おたまじゃくしだれのこ

かえるのこどもじゃ

● 交互唱

6 〔ふねのせんどさん〕 S.

ふねの せんどさん のせと くれ
ア ギッコトン ギッコトン

きょうは あらなみ のせられぬ
ア ギッコトン ギッコトン

7 〔てるてるぼうず〕 H.

てるてる ぼうず てるぼうず
ぼうずに なるのは けしのはな

はなたか てんぐは くらまやま
やまがら こすずめ しじゅうがら

がらがら ひくのは はこぐるま
くるまに のるひと のせるひと

ひとつめ こぞうの とうふかい
かいぐい するには ふとってる

8 〔むすこのあわてもの〕

むすこのあわてもの　　しゃもじを
ジャカポコ　ジャカポコ　ジャン
かいにゆき　　みみかきかってき
ジャカポコ　ジャカポコ　ジャン
た　　ジャン　ジャカポコ　ジャン
ジャカポコ　ジャカポコ　ジャン　ジャン　ジャカポコ　ジャン

9 〔こんこんこんぺいとう〕

こん　こん　こんぺい　とう　　あま
こんぺいとうはあまい
いはさ　とう　　しろいは
さとうはしろい
うさぎ　　はねるはかえ
うさぎははねる

● 交互唱　97

かえるはあおい　　ゆうれいは
　　　あおいはゆうれい

きえるはてんき　　ひか
きえる　　てんきはひかる

るはおそらのおほしさまー
ひかるはおほしさまー

●かけ声 あいの手

1 〔いっぽんばし〕

いっぽんばし くちゃくちゃ たたいて つねって さすって ジャンケンポン

ホイ ホイ ホイ　ホイ ホイ ホイ　ホイ ホイ ホイ

2 〔はち〕

いち に みつんばちゃ いて ぞ　し ご むつんばちゃ

ブン ブン ブン

いて ぞ　なな や くまんばちゃ いて ぞ

ブン ブン ブン　　　　　　　　　　　ブン ブン

とくりばちゃ な おいて ぞ　　　　　チクッ

ブン　　　　　　　　　　　ブン ブン ブン チクッ

●かけ声 あいの手

3 〔つぼどん〕

つぼどん つぼどん むぎつぼどん おひがん
アララ
まいりに いったれば からすという
アララ
くろどりに とんがりめを つっつかれ
アララ
て あめさえふればそのきずが
アララ アラ
ぜっきぜっきといたんでそうろう
ラ アララ

4 〔はちがさした〕

いち が さし た　に が さし た　さん が さし た
ブン　　　　　ブン　　　　　ブン

し が さし た　ご が さし た　ろく が さし た
ブン　　　　　ブン　　　　　ブン

しち が さし た　はち が さし た　ブン ブン ブン
ブン　　　　　　　　　　　　　　ブン ブン ブン ブン

5 〔つくつくほうし〕

つくつく ほう し つく ほう し どこを ついだか あててみな
　　　　　　　　つく ほう し　　　　　　　　あててみな

6 〔けむけむ〕

け む　け む　やまに いけ　やまの みちは ひろい ぞ
　　　　　　　やまに いけ　　　　　　　 ひろい ぞ

●かけ声 あいの手

7 〔からす〕

からす かあ かあ かかさま だ とんび とう とう

かかさま だ

とと さま だ すずめ じい じい じい さま だ

とと さま だ じい さま だ

8 〔おひさまこさま〕

おひさま こさま あっち ばっか てらすな こっちのこが

ホッ ホ ホッ ホ

なくぞ こっちも ちいと てってくれ てーって くれ

ホッ ホ こっちも ちいと てって くれ, ホッ ホ

9 〔あさどり〕

● かけ声 あいの手 103

11 〔あまのじゃく〕

あまのじゃく こしゃく まき
ホ ホ ホ ホ ホ ホ ホ

たくみずがない ホ ホ ホ
ホ ホ ホ ホ ホ ホ ホ ホ ホ

12 〔けちんぼ〕

みかん かったら かわやるぞ きんかん かったら
おや けちんぼ

みやるぞ だんごを かったら くしやるぞ
おや けちんぼ おや

まんじゅう かったら かわやるぞ
けちんぼ おや けちんぼ

13 〔おんばあこっくり(I)〕

S.H.

おんば こっくり いろりばた よっぴて こっくり
こっくりこ
にたあずき こっそりあじみて かぜひいて
こっくりこ　　　　　　　　　　　　こっくり
はなくそつけとる こはだれじゃ こっくりこ
こ　　こっくりこっくりこ

14 〔かんちゃん〕

S.

かんちゃん かんちゃん かじやのかんちゃん
やれそー
じんちゃん じんちゃん いしやのじんちゃん
れ　　　　　　　　　　　　やれそー
つっちをおろして かんじんいっちょうあがり
れ　　　　　　　　やれそーれ

● かけ声　あいの手　105

15 〔あのやまかげに〕

H.

あのやまかげに　ひかるもの　なんじゃ　つきか　ほしか
　　　かげに　　　　　　なんじゃ

ほたるか　　つきてもない　ほしてもない
ほたるか　　　　ない　　　　　な

やまの　おばばの　めがひかる，ひかる ー
　　　　　　　　　めがひかる ー
い

● オスティナート

1 〔ねんねこや(I)〕

●オスティナート 107

3 〔うちのばさまはもちがすき〕

4 〔からすホイ〕

H.

か——らす からす あとをみろ
からすホイ からすホイ

さきをみろ てっぽう ぶちがねらうぞ
からすホイ からすホイ からすホイ

いそいで おやまへ かえれ それかえれ——
からすホイ からすホイ からすホイ

5 〔ひとりきな〕

H.

ひとりきな ふたりきな みんなて よってき
ひとつ ふたつ みーっつ

な いつまで むづかし なんても かんても
よーっつ いつつ むーっつ なな

やかましい ここのつ とんてこい— とんてこい
っや—っつ ここのつ とう とんてこい

●オスティナート　109

6　〔しいほいわあほい〕

H.

きょーは どこの とりおい だ　かまくら どのの
しい ほい わあ ほい ほい
とりおい だ　とりを なんと おいましょう
しい ほい わあ ほい ほい　しい ほい
しい ほい わあ ほい ほ い ほ い ほい ほい ほい
わあ ほい ほい　しい ほい わあ ほい ほい

7 〔いちざいもんが〕

H.

(sheet music)

Lyrics (top staff):
いちざえもんが いもくって にざえもんが にわはいて さんざえもんが さけのんて よんざえもんが よったよった ござえもんが ごんぼほって ろくざえもんが ろくでなし しちざえもんが しりをかいて はちざえもんが はじをかいて 九ざえもん 九ざえもんが きゅうりをきって

Lyrics (bottom staff):
セッ セッ セ パラリコ セ セッ セッ セ パラリコ セ セッ セッ セ パラリコ セ セッ セッ セ パラリコ セ セッ セッ パラリコ セ セッ セッ セ パラリコ セ セッ セッ セ パラリコ セ セッ セッ セ パラリコ セ セッ セッ セ

● オスティナート　111

十ざえもんが　十ざえもんが　じゅうーばこ　しょって　エッサッサ　エッサッサ　ホーイホイサー

パラリコセ　セッセッセ　パラリコセ　セッセッセ　パラリコセ　セッセッセ　パラリコセー

● **カノン（輪唱）**

1　〔おせおせ〕

おせ おせ おせおせ おされて なくなよ

2　〔おたまじゃくし〕

おたま じゃくしは だれのこ かえるの こどもじゃ

3　〔かえるのよりあい〕

かえるの よりあい こえあわせ ― こえあわせ

4　〔なぜはたけは〕

なぜ はたけは きんいろだ なのはな さいて きんいろだ

5　〔ないしょばなし〕

ないしょ ばなし こばなし わしも ききたい こばなし

6　〔まめがはねた〕

まめがいっこ はねた まめがにこ はねた まめがさんこ
　　　　　　　　　まめがいっこ はねた まめがにこ はねた

はねた まめがはねた まめがはねた まめがいれた
まめがさんこ はねた まめがはねた まめがいれた

● カノン（輪唱） 113

7 〔おむかいさん〕

そっちの おむかい さん こっちの おと なり さん おちゃのみに ござ れ

8 〔おかご〕

おかごの のりては ないのか こっから はしまで じゅうもん め

9 〔なんだらぼう〕

なん だら ぼう は かきの たね かきが なきゃ たねが ねえ たねが なきゃ かきが ねえ

10 〔たんぽぽ〕

たんぽぽ たんぽぽ たんぽぽ たん きれいに かみ ゆって はよ よめに ゆけ たんぽぽ たんぽぽ たんぽぽ たん

11 〔いとぐるま〕

からころ からころ いとぐる ま ぼうやの おもりは どこいっ た あのやま こえて かわこえ て からころ からころ いとぐる ま

12 〔あられやこんこん〕

あられや こんこん まめこん こん　いわしこ とれたら かごもって こい
　　　　　　　　　　　　　　　　　はたはた とれたら たるもって こい

13 〔えびすさあ〕

えびすさあ だいこくさあ たい つって み さいな
おおきな やつが くっついて びっくり しゃっくり するわいな

14 〔あかとんぼ〕

あかとん ぼ あかとん ぼ ようぶとん ぼ あかとん ぼ
はねの ないのは とうがらし とうがらし とうがらし

15 〔ひとりくりや〕

ひとりく りゃ ふたりくる みにくりゃ
よってくる いつのこっちゃ むつかしい なんの
こっちゃ やかましい こんどくりゃ どやしたい

16 〔ひとくちきけば〕

ひとくち きけば にくらしい さんざな ことを しやがっ

● カノン（輪唱）

てごうっくばりの ろくでなし しちめんどうだ

はっとばせ くせになるから とっつかまえろ

17 〔あめこんこん〕

あめこんこん ゆきこんこん おらえのまえさ たんとふれ

おてらのまえさ ちっとふれ あめこんこん ゆきこんこん

18 〔おんばあこっくり(Ⅱ)〕

おんばあ こっくり いろりばた よっぴて こっくり にたあずき

こっそり あじみて かぜひいて はなくそ つけとる こはだれじゃ

19 〔ねこじゃ〕

ねこじゃ ねこじゃと おっしゃいますが ねこが げたはき つえついて

しぼりの ゆかたで くるものか おっちょこちょいの ちょいちょい

20 〔いまないたからす〕

いまないた からすが もうわろた ー もうわろた

すぐに わろなら なかんがえ なかんがええ

21 〔しょうがつ〕

H.S.

しょうがつてばなんだ こっぱのような
しょうがつてばなんだ

もちくって ひばしのような ととくって
こっぱのような もちくって ひばしのような

ゆきのような ままくって みみずのような
ととくって ゆきのような ままくって

そばくって あぶらのような さけのんて しょうがつ
みみずのような そばくって あぶらのような さけのん

てばなんだ これてとうさんいいもんか
て しょうがつてばなんだなんだ ー

●カノン(輪唱)

22 〔あめたんぼ〕

あめたん ぼ — あめたん ぼ ざっざこ ざっざこ ふってこい むこうのやまから ふってこい — あめたん ぼ — あめたん ぼ

あめたん ぼ — あめたん ぼ ざっざこ ざっざこ ふってこい むこうのやまから ふってこ い — ふってこ い あめたん たん たん ぼ

23 〔きつねのおよめいり〕

ひが あたって あめふって きつねの およめい り — およめいり ひが あたって およめい り

ひが あたって あめふって きつ ねの およめいり — およめい り およめい り

24 〔げっくりかっくり〕

H.

げっくり かっくり すいへい さん もっくり きんとき どっこい しょ の にち よう ーーーー び おやまの かぜが そよ ふけば やまの かみさま なんとする、ソラは いーーーー れ、ソラに けろ ー ソラに けろ ー

げっくり かっくり すいへい さん もっくり きんとき どっこい しょ の にち よう おやまの かぜが そよ ふけば やまの かみさま なんとする、ソラは いれ、そらに けろ ー

25 〔たなばた〕

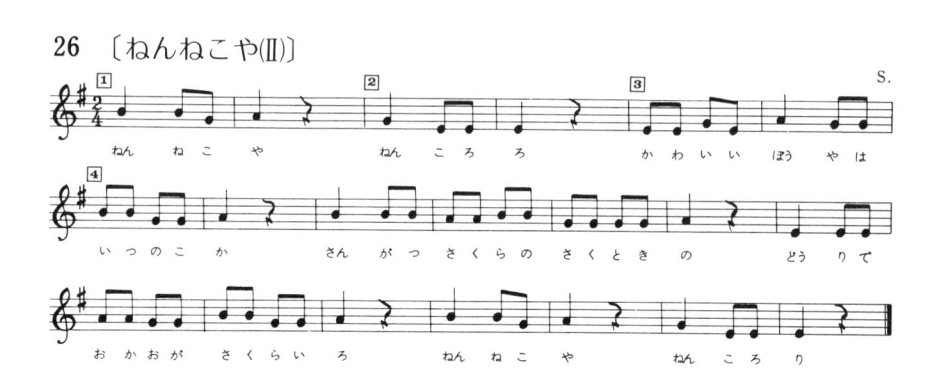

(Sheet music - canon/round for voices)

26 〔ねんねこや(II)〕

(Sheet music - canon/round for voices)

27 〔ひとつひよこが〕

● ユニゾンから四度へ

1 〔ねずみのは〕

ねずみのは と とりかえろ

ねずみのは と とりかえろ

2 〔ゆうやけこやけ〕

ゆう やけ こやけ あした てんきに な あれ

ゆう やけ こやけ あした てんきに な あれ

3 〔ぼん〕

ぼん ぼん ぼん ぼん ぼんがきた とおかの ばんから ねられねえ

ぼん ぼん ぼん ぼん ぼんがきた とおかの ばんから ねられねえ

4 〔たこたこ〕

たこ たこ あがれ てんまで あがれ

たこ たこ あがれ てんまで あがれ

5 〔ありがとう〕 S.

ありがとう　ありがとう　ありがとうなら
ありがとう　ありがとう　ありがとうなら
いもむしゃにじゅう　へびは　にじゅうごて　よめにいく
いもむしゃにじゅう　へびは　にじゅうごて　よめにいく

6 〔びっきのよりあい〕 H.

びっきのよりあい　こえあわせ　ーこえあわせ
びっきのよりあい　こえあわせ　ーこえあわせ

7 〔ほうれんそう〕 S.

おまえに　ほれた　ほうれん　そう　はやく　よめなに　しておくれ
おまえに　ほれた　ほうれん　そう　はやく　よめなに　しておくれ

8 〔ほたるコ〕 H.

ホーホー　ほたるコ　やまぶし　コ　ゆんべの　ひかりて　またこい　こい
ホーホー　ほたるコ　やまぶし　コ　ゆんべの　ひかりて　またこい　こい

●ユニゾンから四度へ　*123*

9　〔からすかあかあ〕

H.

(楽譜)
からすかあかあ　かかさまだ　とんびとうとう
からすかあかあ　かかさまだ　とんびとうとう
ととさまだ　すずめじいじい　じいさまだ
ととさまだ　すずめじいじい　じいさまだ

● **自由な対旋律**

1 〔ゆきやコンコ〕

H.

ゆきやコンコ　あられやコンコ　やまの
ゆ　きやコン　コ　あられやコン　コ

おさるがいとしいな——いとしいな
やまのおさるが　いとしいな

2 〔おゆきがつもれば〕

S.

おゆきがつもれば　おたけが　かがんで　おゆきを　お———とーす
おゆきがつもれば　おたけがかがむ　かがんだおたけが　おゆきをおとす

3 〔おんばあこっくり(Ⅱ)〕

S.H.

おん　ば　こっくり　いろりばた　　よっぴて　こっくり
いろりばた　　こっくり

にたあずき　こっそりあじみて　かぜひいて
こっくりこっくりこ　か——ぜひい

●自由な対旋律 125

4 〔みたらみみずく〕

5 〔ひらいたひらいた〕

6 〔みかんきんかん〕   H.

みかん きんかん さけのかん おやのいうこと こはきかん

みかん きんかん さけのかん おやのいうこと こはー

みかん きんかん わしゃすかん こには ようかん やりゃなかん

きかん わしゃすかん わしゃすかん ようかん やりゃなかん

7 〔どうどうめぐり〕   S.H.

どうどう めぐり こう めぐり あわの

どうどう めぐり こう めぐり り

もちも いやいや こめのもちも

あわのもちも いやいや こめの

いやいや そばぎり そうめん くいたい

もちも いやいや ー くいたい

な どうどう めぐり こう めぐ

な どうどう めぐり こう めぐり

●自由な対旋律

8 〔だるまさんがそろった〕

H.

● 三声合唱

1　〔ねんねこや(Ⅲ)〕

S.

ねんねこや　ねんねこや　ねんねこふちてうまこうて
ねんねこや　ねんねこや　ねんねこふちてうまこう
ねんねこや　ねんねこや　ねんねこや

いっぽんまつのせんぼんまつにつないだー
て　いっぽんまつのせんぼんまつにつないだー
ねんねこや　いっぽんまつにつないだ　ねんねこや

● 三声合唱　129

2　〔すずめのよりあい〕

新妻純子作曲

3 〔なつみ〕

4 〔ひらいたひらいた(Ⅱ)〕

5 〔おんばあこっくり(Ⅲ)〕

●三声合唱

6 〔かりかりわたれ〕

H.

かりかりわたれ さおになって わた
かりかりわたれ さおに
わたれ わたれ さおに

れ かぎになって わたれ わたれ わた
なって わたれ かぎになって わたれ
かぎに わたれ わたれ かりかり

れ さおに かぎに かりかりかり
かりかりわ たれさおになれ かぎになれ かり
わたれさおになれ かぎになれ さおにかぎに

わたれ いそいでわたれ まいごになるな
かりわたれ いそいでわたれ まいごに
かりかりかりわたれ いそいでわたれ

● 三声合唱

わたれ、わたれ、わたれ、わーたれー
なるな わたれ、わたれ、わたれ、わたれ ー
まいごに なるな わたれ、わたれ、わたれ ー

7 〔おしあいこんぼ〕

H.

こどもは かぜのこ
おしあいこんぼ おされて なくな おしあい
おしあいこんぼ おされて なくな おしあいこんぼ

おとなは ひのこ こどもは
こんぼ おされて なくな おしあいこんぼ おされて
おされて なくな おしあいこんぼ おされて なくな

かぜのこ おとなは ひのこ
なくな なくな おされて なくな
なくな おされて なくな なくな

8 〔はなのの ののはな〕

谷川俊太郎作詩

●三声合唱　137

9　〔ひいのふ〕

H.

いつやら　むこさん

ひーのふ　ーみーーのよ　ひーの
ひーのふ　ーみーーのよ　ひーのふ　ー

なんとてやさしくにきてーとうーよ
ふーみーーのよ　やさしくにきてとうよ
みーーのよ　やさし　くにきてとうよ

10　〔ひとりでこい〕

H.

ひとりでこい　ふたりでこい　みんなでこい
ひとりでこい　ふたりでこい　みんなて
ひとつ　ふたつ　みーっ　よー

よってこい　いってもこ　いむかってこい　なかせる
こい　よってこい　いってもこ　いむかってこい
つ　いつつ　むーつ　なかせるぞ

11 〔あんたがたどこさ〕

●三声合唱

12 〔ひとつひろったまめ〕

●三声合唱

13 〔ねんころろ〕

●三声合唱　143

みなだまる　ねんころろ　ーねんころろ　ころろ　ころろ

だまればみなだまる　ねんころろ　ーねんころろ　ころろ

ねんころろ　ーねんころろ　ねんころろ　ーねんころろ

わらべうたによる音楽教育の理論的根拠——鈴木敏朗——————146

わらべうたによる音楽教育とクラス集団——鈴木敏朗——————168

わらべうたによる音楽教育の理論的根拠

鈴木　敏朗

はじめに

　音楽教育には、さまざまな主張がある。そして、それらがさまざまであるために、各側面で一つの職業として成立している傾向もある。こうして、さまざまにあることそのことが、擁護されたりもする。

　今ここに、わらべうたによる音楽教育の方法と教材をまとめたことが、そのさまざまにもう一つの変種を加えることだと受け取られる可能性は、強く存在するわけだ。しかし、われわれは、これをただ一つのものとして提出しているのである。

　なぜ、わらべうたによる遊び、わらべうた、わらべうたを素材とした多声の歌などによって音楽教育を行なうのか。上記の背景にあっては、そのことの理論的根拠を明かにする義務があろう。本論は、そのためのものである。

1　音楽的諸活動の前提

1　多様であってよいか

　音楽教育どころか、教育観それ自体が多様に存在する。科学的な教育観、科学めかしたもの、常識的なもの、趣味的なもの、石のようにかたい信念に基づいたもの、政治的なもの、営利的なもの、個別経験を簡単に一般化したもの、その種類は教育を語る人の数程あるといってもよい。

　この多様性に対して、人の取る態度は三様である。

　一は、自分の立場から、どれがよいかを主張するものである。

　二は、いろいろあっていいという態度だ。無関心もここに含んでよいだろう。

　三は、子どもにとって最も幸せな方法は何かについて、科学的に探ろうとするもの。

　このような分け方が可能だろう。そして、第三の態度といえども、人は、自覚的であれ無自覚的であれ、一定の立場に立ってしまうことから免がれられないという意味で、特定の立場からの主張とはなる。

本書も、こうした多様なものの一つと見なされ、上記のどれかの態度で対応されるわけだ。本書とて必然的にある立場に立ってしまっているわけであって、以下、その点についても、自覚し得る限り明かにしようとするものだが、三様の対応とて、必然的に、特定の立場に立ってしまう。

　別の立場から、本書に表われた立場に反対されるのはよい。それは、仕方のないところである。また、第三の態度で反論されるのもよい。それは歓迎するところだ。まず、その反論から学ぶものが多いであろうから。

　しかし、大方の取る態度は二番目のものであるようだ。個人的な経験の全ての範囲で、これまで参加した研究会では、たとえば、いろいろな意見を聞いてとか、いろいろな考え方を参考にしてと、まず発言し、次に、したがって私はこう思う、あるいは思わないなどと、自分の思いを述べる。多様を認る態度から必然的に、たんなる思いでしかない自分の意見がもう一つの変種として無限に肯定されてしまうのだ。いつも、ほんの数名を除く殆どがそうであった。

　仮りにも研究会と名がついたら、自分の思いなど、どうでもよいであろう。他者に聞かせるのは失礼というものである。

　本書が多様な中の一つと見られる可能性は、ことが音楽だという点で、さらに強まる。

　まず、常識的にも、各人の好む音楽が多様だ。俗に、価値の多様化などということも、盛んにいわれる。そこで、まあわらべうたなどという、単純、素朴、貧弱、児戯、こういったものを好む者がいてもいいではないかということになる。だいたい、音の数が少ないと、本気で反対した専門家もいるのであるから、確かに単純、貧弱には違いないのだろう。

　やや常識を脱したところでは、各時代、各社会、各流派によって、評価の異なる場合が多いという点から、多様の中の一つと見なすというのもあろう。たとえば、時代や社会によるバッハの音楽に対する評価の違いがある。これは芸術作品の宿命らしく美術の世界にもあるようだ。これを根拠にして、いろいろあってよいというのだ。

　ここで、いろいろあってよいという音楽教育に対する態度によって教育される子どもの側から考えてみよう。ひどい場合には、担任の変るたびに音楽教育が変るということになる。人が違えば音楽教育が違うということになる。だか

ら、長じて、自分の音楽を自分で肯定しさえすればよいということになる。こうして、音楽教育は、しなくてもよいものになる。

2 母語はひとつ

音楽教育を、まったく別の視点から見直してみることが、前項の袋小路を脱する道をひらくかもしれぬ。それに、論理的にいって、多様さを無限に認めることは、何も無いのと同じだからである。現実には無限に存在しなくとも、態度として無限を認めてしまえば、皆無と同様なのだ。

母語、我々日本人にとっては日本語、これが、多様な内容を語り得るのに、そのものは一つだということを、音楽の場合に当てはめてみよう。

人は、生れるとすぐ、文としては不十分だったり不完全だったりするが、現実に機能している文の見本の中に置かれる。それらを経験しつつ、一つの文法構造を内化する。これは、無数の経験から帰納によって導き出すというより、あたかも、ことばを構造化する生得的機構があるかのように生成していく。

機能するということは、要素が羅列的ではないということを意味している。羅列的だということは、先の、無制限の多様性と等しく、何もないということだ。したがって、羅列的記憶が用をなさないことは、明白である。機能することと構造的であることとは同義のことなのだ。

人は、初め、依存的な相互関係の中にあって、しかも機能している。ここでのことばの習得も、それがことばとなった時点で構造化しているに相違ない。適用を試みさせる仮説が先行するといえようか。つまり、ことばは、発明、創造される側面が大なのだ。

たんなる類推ではなく、音楽とて、ことば同様、羅列的な記憶としてではなく、構造化されたものでなくてはなるまい。音楽が機能するという前提の中では、これは必要条件である。

チョムスキーもローレンツも、文法構造を内在化する生得的機構を認めている。しかし、このときの文の経験を、たんなる物理的環境におけるものと考えてはなるまい。人の子は、生れてすぐ世話してくれる者と関係を結ぶ。これなしには人間たり得ぬばかりか、生存も不可能である。社会的関係の中で、生れた初めより機能しているといえる。そしてこの、人に必然的な社会的関係の中でことばは機能しているのだ。ことばが体験から遊離して構造化される危険を

含みつつも、ともかく、社会的関係の中で機能すべく経験する土台はあるといってよいであろう。

ところで音楽は、音の構造自体の中に、あらゆる機能が含まれていると考えていいのだろうか。つまり、音楽的な内容というのは、人間関係（社会的関係と同義と考えてよい）の中で音楽がどう機能するかということと無関係にあるものだといってしまっていいのだろうか。

そうではあるまい。人間関係の中で機能するからこそ、後の豊かな内容まで連る出発となるのであるし、人類史の無限の文化遺産を受けとめる力も保障されるのだ。

人の子が、世話する者なしには生存も危いとすれば、情緒刺激を受けとめる方向は、まず世話する者へ向かってであろう。好奇心、関心、興味の先駆は、世話する者に対してであろう。ここに音楽があることが重要なのだ。子守唄の経験をこの関係の中ですることが重要なのだ。

手抜き育児、欠陥育児ということがいわれる。母親よ家庭に帰れというキャンペーンでなければよいのだが、それにしても、子守唄のない育児は、やはり手抜きという他、ないだろう。

ことばと対比しながら論を進めてきた。ことばが成立すると、その有限の文法と有限の語彙が無限の世界を語ることを可能にする。しかし、日本語は一つだ。文法に諸説があっても、それは文法の取扱いの諸説だ。存在する日本語文法は一つだ。

3　音楽への前提

語が意味をもつのは、語自体の音構成によるのではなく、それが関係の中で機能することによる。確かに、特定の音が特定の意味を帯びるという傾向は存在する。しかし、本質的には、音と意味は無関係である。語自体がその意味を示す色合いを含んだものとして与えられると、それは逆に、ことばによる多様な表現に対する制限となる。

音楽においても、機能することだけが意味を与えるものについて、考えてみなければなるまい。音構成自体の中に意味を閉じ込めないためにである。そのものとは、色合いの無い、臭いもない、味わいもない、たんなる音の構造でしかないものであるはずだ。しかも、人工的に構成されたものではない。この、

無色透明、無味乾燥の音楽こそが、わらべうたなのだ。一語文が言語活動であるように、このわらべうたによる活動こそが、多様な音楽的諸活動への前提なのだ。

　わらべうたの音は、日本語の音韻がさし示す音の構造的方向が具体化したものだ。それは、不十分なサンプルから文法を内在化させたことば同様、構造化のための生得的機構があるかのように生成される。

　この音構成を、成人のする日本音楽の反映と考えることはできない。音楽文化が何らかの影響を与えたとするなら、それは、子ども同志が相互に音楽的活動によって交渉するという、まさに木の葉を切符とする電車ごっこの意味においてである。

　アフガニスタンにはわらべうたが無いという報告がある（藤井知昭）。これがそのことを如実に物語っている。成人の音楽が無いからではなく、社会の質と水準が、子どもたちに音楽ごっこをする機会を与えないのだ。

　文法を内在化するのが無自覚の過程であるのと同様、わらべうたの音構造も無自覚的過程で内在化する。その使用は、自動化される。だからこそ、無限の意味を担う可能性があるのだ。

　たった五音を有限な文法で構造化したともいえる。無色透明、無味乾燥、単純素朴、どれを取っても同じようで個性のかけらも特徴もないわらべうただからこそ、人間関係の中で生かす教材として最適なのだ。こうした音楽だからこそ、真に音楽的活動、最も優れた成人の音楽的活動、それと同質の活動が可能となるのだ。

　ここで、さまざまな領域における教材についても、この無色透明の点から考えてみる必要がありそうだ。

　余談はおいて、音楽教育は多様だ。しかしその多様さはどの水準でであろうか。もしや、たったひとつの前提のところで、多様さという多様な誤りを犯してはいないだろうか。わらべうたは、多様さへ至るたったひとつの前提なのだ。コダーイのいうように、音楽における母語なのである。

2　美的体験への前提

1　内側の世界

動物は、一般に、遺伝的に統合されたものとしてまとめられているといってよい。その有機体としてのまとまりが、外界にその種個有の意味を与えるといってよいだろう。

　人の外界取得の仕方は、動物とは根本的に異なる。個体と社会的諸環境との相互交渉で構築されていく内部世界が、統合されたものとしてのまとまりを与えているのだ。この内側の世界が、外界を取得することを可能にする。遺伝的機制だけでは、統合された有機体としてすら、存在することが不可能になった生物であるといえよう。

　この内部世界を幻想と呼ぶ主張もある。しかし、我われの諸行動は生身の関与なしには不可能であり、客観法則を身に受けぬわけにはいかない。実践によって不断に修正を要求されているのだ。それにしても、いわれのない確信の体系を構築することにより、そこに外界を位置づけ、わかったと錯覚する危険は大だといわねばならない。

　この内側の世界は、ことばを手掛りとして構築されるのであるから、ことばが不十分なサンプルから文法を構造化させてしまうということは、上記の危険を増大させる要因だと考えぬわけにはいかない。つまり、ことばだけが内側の世界を構築してしまう危険があるということなのだ。体験から切れ、現実との接触を断ち、内側の世界がことば世界として閉ざされてしまうかもしれぬのだ。幻想と呼んでも確信の体系と呼んでもよいのだが、そこに外界を引き寄せるだけで了解を完了させてしまう。

　音楽上の文法ともいうべき音の構造も、十分な体験をまつことなく成立する。ことばに節まわしがつくのは、非常に早い時期のことで、それはことばの使用に遅れるといえるものではない。

　ことばが体験から切れてしまう危険性を指摘したが、これに節まわしがつくと、認知は一層曖昧なものになる。ことばそれ自体が、実体化してしまうかのように、現実とことばとの間に距離が生じる。ただ、態度を表わすだけのものになるといえようか。

　こうして、音の世界は完全に外界との連絡を断った閉じた世界として、しかも感情の世界だけとなって形成されることになる。そして、ことばが自律的に増殖するように、音の世界も増殖する。やがて、ただの慰め、精神の麻ひ、思

考の停止、孤独の擬似的充足などのためのものになっていく。

　感情も認知の分化発達との相互関係で分化発達せねばならぬ。優れた音楽作品を体験するときに生ずる感情は、それに対応する認知面との統合による実践的裏づけがあるときにのみ、人間にとっての高貴な感情となり得るのだ。

2　危険な受けとめ方

　ことば世界が体験と切れる危険と合わせ、音の文法の成立が、そのことばを現実から引き離すために節まわしをつけて用いることによってなされることを述べた。音楽は、ことばを現実から引き離す機能をも持つということなのである。

　ことば世界における確信の体系が強固なものであると、音楽は、完全に現実と連絡する手掛りを失ってしまう。現実との関連で生身が打撃を被れば、あるいは、確信もゆらぐかもしれぬ。だが他方、体験が狭く、社会関係が単純で、限られた世界で同一刺激がくり返されると、ますます確信は強固なものとなる。

　ある立場に立つ人びとの集団が、ある種の確信を集団内部の閉ざされた相互交渉で無限にエスカレートしていくのは、よく見るところだ。ある集団のメンバーが、我われだけが正しいと、まったく楽天的に断言した例もある。

　余談はさておき、音楽は、ことばをくぐっての他は機能せぬと考えねばならぬし、これはまた、自明のことでもある。そこで、人びとが音楽についてある観念を持つとき、そこにおける音楽体験をどの確信の体系に位置づけているのかが、問われる必要がある。

　うたわれる歌詞によって引き起こされた高揚感を、対応する認知構造の水準を持たぬまま、確信の中で無限に高く評価してしまってはいないだろうか。

　共に蛮声を張り上げる（大声でうたうのも同様である）ことから生ずる無謀な勇気を、いわれなき確信の中で、理想の実現に向かうエネルギーの奔流だと錯覚していないだろうか。

　子どもたちが大声を出してうたうのを体験するとき、引き起された忘我を、未来への明るさなどと見なしてしまっていないだろうか。

　感情とて、対象を識別することなしには、方向性を持たぬし、発達もせぬ。それにもかかわらず、我われは、高貴も、優秀も、自由も、個性も、いきいきも、のびのびも、ことばとしては、自分の中に組み込んでいくことができる。

愛を知らぬまま、愛ということばを語ることができるのだ。自己内部の体験に名を与え、自己の確信の中に無限に高くそびえさせることは、いつでもできるのだ。

音楽を、音楽内部の経験として与える教育のどんな試みであれ、この危険を限りなく大きく持っている。現実との交渉を欠いたまま内部に感情を引き起させようという試みは、そこに用いた音楽作品の中にその感情を閉ざしてしまうことになる。その作品が、個性的な作品であればある程、その、いわば無色透明からずれた個性的な側面が、固く感情を閉じ込めてしまうことになる。

3 美的体験への前提

音楽それ自体が危険な側面をもつ。それがことばと結びつけば、ことばを体験から浮いたものにしてしまう。ことばの意味を、価値を、音楽と結びつけてはならないのだ。音楽をことばで説明しようとするときにも、この危険はある。音楽の誕生とは、系統発生であれ個体発生であれ、ことばそれ自体に実体を与えようとするときに起るのだから。現実と折り合うのではなく、我が心の中だけで解決をはかろうとすることなのだ。

もう一つの危険は、音の構造がそれだけで内在化するところにある。そこから、音の配列自体によって感情が引き起される。このことによって、音楽的体験を現実の体験とすり変えてしまい、どんな感情も、音楽内部に閉ざしてしまう。個性的な作品であればある程、上記の危険は大きい。

本章では、上記の危険を論証しようとしてきた。不十分かもしれぬが、大きな根拠のあることは示し得たように思える。

わらべうたによる遊びは、見事にこの危険をもたぬ。どれも同じであるが故に、そのどれかに特定の感情を閉ざすことなどできない。それどころか、特定の体験すら起り得ない。どれをとっても同じようであるが故に、そこにおける体験は、人間同志の諸関係によるものにならざるを得ない。わらべうたの内容は、子ども同志の相互交渉そのものであり、そこで引き起された感情なのだ。内容の豊かさは人間関係の豊かさが保障する。音の構造が内在化しても、独善的一人歩きには歯止めがかけられている。

ことばとの関係においては、まず、ことばが深い意味を持たない。うたわれることばによって、感情を引き起される、したがって、歌の表情をつけるというわけにはいかない。ことばそのものが、遊びの世界へ移行してしまっている。

高い理想も、連帯も、友情も、情景も述べてはいない。にもかかわらず、わらべうた遊びが実現する現実の人間関係の中にその全てがある。

　たんなることば遊びともいえよう。幼い子どもにとって、まさに確実に詩の世界なのだ。具体的現実になんとなく節をつけて、それを曖昧にするようなことは、決してない。

　　とんび　とうさま　　からす　かあさま
　　すずめこまごこで　　つばくらよめこ

　どの子どもが、たとえ幻想の世界ででも、確信の体系の中ででも、とんびと父親を結びつけるだろうか。これは、見事な詩であり、そして遊びなのだ。ことば遊びは、純粋に遊ぶのがよい。日常の教育に妙な節をつけ、こびたいいまわしで現実をわけのわからぬものにしてしまうより、ことば遊びを、ことばの形を遊んだ方がよい。

　わらべうたによる音楽教育は、これらの点からも、たった一つのものなのだ。この教育だけが、現実の体験から美を引き出すことを可能にする基盤となり得るのだ。

3　情操への前提

1　人間関係の暖かさ

　音楽をやると情操が育つと、親も教師も簡単にいう。音楽教育をこの点からも考えてみる必要があろう。

　人間が孤立しては育たぬことは、最早、いうまでもない。生れ落ち、必要な世話をする者との間にまず依存的相互関係を結ぶ。以後、人間の発達とは、まわりの人びととの関係の発達であるといってもよい。

　やがて、おとな─子ども関係から、子ども同志の関係に移行していく。そこでは、子どもが独立して活動し得る世界を作っているのだともいえよう。その世界におけるさまざまな相互交渉を通して、さらに発達していく。

　おとな─子どもの関係で、おとなは、世界を子どもの環境として取り次ぐ。その折、時の支配的価値、主観的価値、科学的に考慮された上での価値などが、直接、間接におりまぜられていく。世界の取捨選択にもこれらの価値が働く。子どもは、こういった価値的な環境と交渉することになるわけである。

これらの価値は、まだ社会的用意のない精神に対して向けられたものであり、子どもの生物的諸欲求とは矛盾もし、葛藤も生ずる。この子どもが、取り次がれた世界を受け入れ、自分の生理的支配を克服していくのは、この世話する者への愛が基盤になってだと考えるのがよい。
　愛本来の意味で子どもが他者を愛することはできまい。したがって、これに別の呼び名を与えることもできる。しかし、これを愛と呼ぼう。何よりもその始まりであるが故に。
　欲求の阻止は、たんに行動として表われることを力で止めても、望ましく行なわれるようにはならない。欲求を止めねばならぬ価値を伝える者に対する愛が、欲求に勝ったとき、最初の生理的支配から脱することができるのだ。
　この次に子ども一子どもの関係が生ずると、それとおとな一子どもの関係との間に葛藤が生ずる。どちらが優位に立つかということだ。前者が優位に立ったとき、それ以前の依存関係が完全に克服されたと考えてはなるまい。それどころか、子ども一子ども関係以後ですら、諸関係は、相互依存関係だといってよいのだ。その意味では、初期関係における基本的信頼関係が結ばれたか否かは、以後に大きな影響をもつと考えねばなるまい。だが因果は時間軸を一方へのみ考えてはならない。
　この、おとな一子どもと、子ども一子どもの関係間の葛藤の中に、友情という対等な愛の萌芽がある。この葛藤の中で友情という新しい愛を十分に育てぬ限り、いくら知的側面の教育を重ねたとて、人格を発達させることはできない
　この、個別的欲求を抑制し得るような愛、つまり人間関係の暖かさが、情操なのだ。

2　対等な世界

　おとなの世界にあって子どもは、一人前となることはできぬ。子どもの世界の中でのみ、子どもは一人前であり、自分で判断し、行動し、責任を持つ。
　発達とは、この、独立して行動する世界が拡大していくことでもある。しかし、発達のどの段階であれ、この成員が独立して行動し得る社会は保障されなくてはならぬ。自分の準拠する社会（集団をも、成員にとっては一つの社会だと見なす方がよい）、独立して行動し得る場がなくて、人は、その分化統合を人格の全面にわたってなし就げることはできない。この中で、他者への愛が、新し

い価値を育てていく。感情の分化発達は、とくにこれなくしてはあり得ない。

　今、青年の幼児性がいわれる。モラトリアム人間などということもいわれる。あるいは、ポラリティーの衰退ということもいわれる。これらの原因の一つを、この、各段階に見合う集団を持たずに育ってきたことに求めることも可能であるように思える。

　ともあれ、こうした対等な、しかも成員が独立し得る集団の中で、やがて人類愛にまで至るであろう友情を発達させる。

　わらべうた遊びは、こうした集団の中で行なわれるものだ。この活動を通して、世界は感情的にも共有されていく。遊びの成功は、それらの感情も、そしてとくに対人感情を肯定的なものにしないわけにはいかない。

　子ども同志の交渉内容は、しっかりと定着するだろう。これらは、その上により大きな事柄を支え得る具体的体験を基盤にもっている。ここに対して、教師からの洞察深い指導があれば、子どもたちは能動的に受け入れるであろう。それが再び、子どもたちの相互交渉の内容となり、集団はさらに発展する。

　わらべうた遊びは、まさに上記のことをなすことができる唯一のものなのだ。そして、そのように互いを結び合わせる働きこそが、音楽の本来の働きなのだ。

　遊びは自生せぬ。かつて地域集団が伝承していたようにもゆかぬ。上記の進展を見通すおとなの手で用意され、配列され、教えられねばならぬ。それが、子どもの世界が豊かな相互交渉を展開するのにふさわしいものである限り、子どもからは、自分たちのものとして歓迎される。

　この中で、音楽的技術の一つひとつですらが、より肯定的感情を発展させ、強めるものとして、身につけられていく。

3　情操への前提

　美術とちがって、音楽が技術的側面を強調せざるを得ない歴史を持っていたことが、教えることは抑圧することであるという退廃に陥ることだけは防いだ。それが別の欠点を助長させもした。どうしても技術的教育が先行してしまうという問題である。

　この点については、社会現象の具体例によって指摘する必要はあるまい。こと音楽を教えるという事柄に関係する場合であれば、いつも、まず技術が問われる。

確かに技術は表現の基盤である。それなしには、ほんのわずかたりとも表現することはできない。しかしまた、技術は決してそれだけで一人歩きできるものではないのだ。美術教育の中に、まったく技術を忘れたかに見える主張がある一方、あたかも技術こそが音楽であるといっているかに見える教育が存在することが、教育の大きな問題点かもしれぬ。ここで、技術について考えてみることが、情操を考える上で是非必要であると思える。

　生物というのは、閉鎖系であると同時に開放系であるという、二つの異なった性質を共存させている存在である。この相反する両極の対立が生物であるのか、共存がそうであるのかは、思想の根幹にかかわることだといわねばならぬ。だがしかし、今は、生物というのは、閉鎖系であると同時に開放系であるという程度でよいだろう。

　閉鎖系とは、外界と内界に境界が明確にあることをいい、開放系とは、内外に交流のあることをいう。友情（愛）についても、このことを考えねばならぬ。自分たち（一定の範囲）が集団であると感じられるのは、その集団と外との間に境が感じられるからである。愛とは、その境界から外への攻撃に他ならない。

　したがって、もし、この境界が強固なものであると、愛は、その境界より出ないものとなる。しかし、集団も、閉鎖系であると同時に開放系であり、発展し、拡大し、分化統合していくものだ。そのことによって、愛は、やがて人類愛にまで連ることとなる。

　だが、やはり、集団が初めになければならぬ。その集団における成員相互の友情が成立して始めて、友情がやがて普遍性をもつにまでいたるのだ。母―子関係ですら、他者を排除する側面を備えて始めて、すべての基盤となり得るのである。

　同一視するものだといってもよいであろう。関係が密で、それらの関係の一つの全体が、自己と同一視されるのだ。この点からいうなら、発達とは、同一視し得る社会が発達していくことだともいえよう。

　この集団の外から、直接的関係によって価値が持ち込まれると、集団は、分解してしまう危険にさらされる。とくに消費的側面を中心とする社会との接触が、集団に固有の価値を作り出し難くしているところに、今日の子どもの不幸があるのかもしれぬ。集団内に教師がいかなる価値を媒介しようとも、テレビ

コマーシャルのあのおもちゃの方が各人に価値があったら、集団の輪郭はぼやけたものにならざるを得まい。

そして、音楽的技術もそうなのだ。その集団内における相互交渉（この場合、表現活動を意味する）に十分な技術に対して、その集団が価値を与えるのである。これが、音楽教室であれ、ピアノのおけいこであれ、テレビやレコードであれ、外部から持ち込まれるなら、音楽的側面に限らず、集団そのものが崩壊の危険にさらされるのだ。

リズムとは、この集団が合うというところに基準を持つ。それは、もしかしたら自分自身が集団全体に広がっていくことの実感なのかも知れぬ。あるいは、集団全体を自己の中に取り込むことの実感であるのであろうか。ともかくも、合うことは、外界に対する大きな勇気の源泉でもあるのだ。このことによって、確かに、自己の中に、その集団における他者が移り住んでくるのだ。

やがては、その移り住んだ他者が、内側でリズムを支えるようになる。これが、よりリズム感の獲得である。

音程についても、同様に考えねばならぬ。ただここで、二つの点に気をつける必要があろう。その一つは、集団は開放系でもあるということだ。その集団における合うということが、もっと広い世界での合うということへの方向づけとなるのだ。その二は、リズムなり音程なりを媒介するのは教師だということだ。普遍性へ連る可能性を見通しつつ、今、子どもたちが合うと呼ぶにふさわしい体験を組織することのできる教材によって媒介しているのだ。この点によって、この集団が、小さく閉ざされる危険から逃れていることがわかろう。

最も個別的と考えられている感情が公共化するのも、この合うところからであり、その場の欲求の抑制も、行動の調整も、この合うというところから始まる。ことばのする重要な働きの一つ行動調整も、ただ外からのことばが内化する、学習すると考えるより、この、具体的行動水準で他者と合うというところにある、より深いところでの神経的結合を合わせ考えないと、実際に教育することは難しい。

こうして、わらべうた遊びをすることは、ただリズムや音程についても発達させるというのではなく、そこに、合うことの喜びが同時にあるのだ。

今、ピアジェごっこというのが盛んだ。安手の教材で保存を練習し、空間概

念形成の練習をし、数のシエマの形成の練習をする。この例を持ち出すまでもなく、一般に、認知的側面の社会的刺激は著しく大である。これらを受け入れ、テスト成績を上げた子どもたちが、見事に、集団の中で分離している。他の子どもたちと相互交渉をもたないのだ。

この分離した子どもは、テストでははっきりできるにもかかわらず、具体的行動では、保存の論理も、操作空間の形成も、数のシエマも、何もかもが示されていない。いわば、社会的保存、社会的空間といったものは、まったくの低水準なのだ。そして、その後の追跡によれば、小学校において、つまづかなくてよい簡単な段階で、無用の混乱に陥り、テスト面では成立していたかに見えたものまでもが、無残にもこわれていってしまうということだ。

感情面については、何も考慮されていない。だから、先の知的つめ込みで、百歩ゆずって認知面が発達したとしても、それに見合う感情は育っていないことになる。さすれば、相変らず、ばらばらな欲求に支配されたままということになろう。

認知と感情は実践において統合されている。この実践は、場が保障されぬ限り発達のしようがない。結局、集団が組織されぬ限り、各個は、いらぬ混乱の中で停滞することになり、生きていることの証明は、生理的欲求との対応である他はなくなる。

わらべうた遊びは、技術をも友情と共に育てていくのだ。まさにそれは、情操教育である。そこにおける技術は、人間関係の暖かさの基盤となる。友情は、実践を分化統合するなかで、新たな認知と感情の分化統合をなす可能性をも用意する。

4 音楽作品への前提

1 あらゆる領域が孤立する

芸術の世界から総合が忘れられて久しい。各領域の自律性、独自性の主張は、前世紀に始まり、今やその極限に達したかのようだ。絵画が、彫刻が、演劇が、なにもかもが、独立を、自律的であることを求めている。音楽も、舞踊もそうである。

この風潮はそれだけに止まらない。教育の世界にも同様のことが起る。各教

科が成立すると、それぞれが独自性を、自律性を主張し始める。かつて、各領域が共通のことばで語られていた時代もあったのだろう。しかし、近代西欧は、何もかもを孤立させてしまうかのようである。

ついには、基本的な考え方まで異にしてしまうこととなった。美術教育は、教えないこと、あるいは基本的には教えないこと、これを教育の原則としている。他方、音楽では、少なくとも何らかの作品を教え込むことなしに教育はなされない。両者の間では、ことばまでが、何らの共通性をも、持たなくなった。文学、演劇、舞踊も、それぞれが、まるで一つの別世界のようである。

音楽と美術の相違はまだある。音楽の鑑賞は美術の何に当るのか、美術の作る、描くは音楽の何にあたるのか、そして、各々は、たった一つの決った言訳しかせぬ。音楽は、それ独自の特質を持つ、それ自体で自律した芸術だ、というのである。この音楽を、絵画、文学、演劇に入れ換えさえすれば、それぞれの主張が全て完結する。

しかし、ただ一度といえども、それら独自性は、基本原理まで相違させる程なのかという点については、検討されたことがない。こうして、音楽だけが、音楽作品から教育が始められるのも、その独自性によるものだと主張することになる。

ことばの教育が文学作品から始められることはない。ことばが、不十分な文のサンプルから、生得的機構を想定せねば解釈できぬ程に文法を構造化するといえども、手抜きして、文学作品によって始めるということはない。実に行き届いたことばの指導の後、文学作品に触れるのだ。

美術も同様だ。誰かが作るところの美術作品によるところから教育を始めるものは、少なくとも、誰もいない。

確かに音は、ことば程複雑ではない。しかし、だからといって始めから作品に出会わせることが、その音の簡単さ故に十分の学習を保障するといえる程単純なものでもない。

この各領域の独自性の主張は、問題とされなければならない。用いることばまでを異にするような各領域の孤立化は、一人の子どもをばらばらに引きさかないはずはない。

様式の崩壊、多様性がいわれて久しい。しかし、どこかに、時代精神を表わ

すにふさわしい形がなければならないだろう。その形はまた、人間の相互交渉の形にも通じるものであり、時代様式の欠除は、また、集団すらも引きさかずにはおかないかもしれぬ。

それぞれが独自性を主張するあまりの孤立化は、いつも、それぞれの退化なしにはあり得ないのだ。

2　音楽も内部分裂する

さらに近代には、もう一つの新しい問題がある。一度課題が設定されると、以後、それぞれの課題が平等の権利を主張するということだ。音楽教育における課題は、それに関係する各人の立場から、各様に提出される。

和歌をたしなんだことのある教師は、歌詩の内容をこと細かに論議することを課題とする。これは、かつて一時期の流行でもあった。今でも、それを主張する者は多く、音楽的素養と無関係に音楽教育を論議できるという、主張する者にとっての利点がある。

児童舞踊家と称せられる人びとは、振付舞踊を主張する。これは、多額の教材を必要とするために、利益を受ける多方面から支持される。

自由表現と称し、音楽に合わせて、または合わせないで動くことを課題とする主張もある。実施にあたって、特別の技能を必要としないために、これを支持する者も多い。

泰西名曲づけにしようという才能教育の主張がある。背中のテープレコーダーからモーツァルトの音楽が流れる中で砂遊びをするという実践があったという。

音楽教育で最も費用のかかるのが楽器である。器楽合奏こそが音楽教育であるという主張は多い。これは、商売の点からも、支持者が多く、ことは幼児教育に限られない。

もう一つ費用のかかるものに、オーディオ機器がある。視聴覚教材を用いる課題がここから生じてこよう。鑑賞を課題として主張する立場も、この一つと考えることができる。

人それぞれには、さらに多様な立場がある。幼児向けオペレッタを作る者はそれを課題に、西欧の語法で童謡を作る者はそれを課題にする。教育法もそうだ。たとえば、ダルクローズ、オルフ、コダーイなどを学んだ者は、それこそ

が音楽教育だと主張する。放送に関係する者は、番組の視聴を課題とする。
　これらが独自性、自律性を主張すれば、子どもどころか、音楽までわけのわからぬものになってしまう。リトミックが万能だとの強弁は、現実に存在するのだ。
　そして、もう一つの問題は、これ等の課題全てが平等の権利を主張するということなのだ。しかし、平等である、つまり、たんに並んである、羅列的にあるということは、何も意味するものではなく、その数だけの混乱があるということなのだ。
　ここに上げた各種の主張に、一いち反論するのはよそう。しかし、一つ、意図的な表現には、イメージが不可欠である。この音楽におけるイメージは音で描かれ、内容として人間関係を基盤とせねばならない。イメージとは行動の痕跡であり、ある時点でそれが組織されるものだ。音楽の場合、それは、うたうことによるものに他ならない。しかも、作品をうたうのではなく、たんに節のついたことばをうたうことである。この中で内在化していった行動の痕跡（これは具体的には音の構造である）が、イメージの始まりなのだ。
　すべての課題が平等の権利をもつという混乱から抜け出して考えるなら、少なくとも幼児においては、うたうことを中心におく以外に音楽教育はあり得ぬことがわかろう。

3　音楽作品への前提

　たんに節のついたことばをうたうことは、ただそれだけのことではない。音楽上の母語の語彙に関する問題なのだ。音韻に規定され、感情に規定され、ことばには、さまざまな節がつけられていく。この中で、一定の音程間協応を形成し、最初の音の文法ともいうべきものが構造化されていく。
　これは、始め長二度（レード）が成立する。合わせて、強調等に完全四度（レーラ）が成立する。節のついたことばを発することでこれだけの音が構造化されるのだ。
　次に、ややまとまった節をうたう。これがわらべ歌の大部分をなすものである。決して個人の作品ではない。前述したように、日本語に調子をつけてしまえば、必然的についてしまう節による、無色透明な歌である。それ故に誰のものでもなく、だからこそ、一人の子どもがその時その場でうたう必然性をもっ

たものであり、その子どものものになり得る歌なのだ。

　このまとまった節は、先の音程間協応に新しい協応を加えてより複雑な音構造を内在化させる。新しい長二度（レーミ、ラーソ）の成立である。

　さらに、完全四度（レーソ、ラーミ）や短三度（ドーラ、ミーソ、ソーミ）などが、集団が合わせてうたうことの中で協応していく。こうして、最初の長二度（レード）の関係を中心とする音が構造化されるのだ。この点については、機会を改めて、実証的に詳述したい。

　これが、自らうたい、そして音楽作品に触れるための前提条件となるのだ。やがて、時の音楽文化を反映しつつ、さまざまに複雑な音の変化を受けとめ、構造化していく。

　こうして、他領域と同じことばで語ることの可能な、原則を等しくする教育が可能となり、さらに、すべての課題を平等に主張する混乱から抜け出すことができるのだ。

　美術や文学については、これも詳述する機会を持ちたいと思う。ともかくも、音楽作品へ至る前提を、わらべうたの遊びは、必要十分なだけ保障するのだ。

5　子どもは子どもである

1　極性の衰退

　近代のもう一つの特徴を最後に触れることが、本論を終るにあたって、重要な問題であろう。

　それは、さまざまな境界の消失とも、極性の衰退ともいえるものである。

　例示するなら、一人の人間の、人格をかけた抜きさしならぬ芸術的創造と、偶然の産物や、幼児の作業の結果などとの境界の曖昧化である。チンパンジーの描いたものを例にした報告もある。

　そして、ここで問題になるのは、おとなと子どもの間の境界の消失、極性の衰退であろう。この問題を、人間関係の中で考えていこう。

　教師－子どもの関係についてである。これが、人格形成における、重要かつ基本的な関係として取り上げられることは、ほとんどない。教師は、子どもたちに、社会におけるさまざまな価値を媒介する。教師－子どもの関係を視野に入れぬまま上記の媒介が受け入れられると考えるなら、そこには、次の二つの仮

定の一方が必要だ。

　その一は、子どもの日常生活における諸活動が、十分な学習意欲を個々人に組織していると仮定せねばならない。

　その二は、疑問の余地なく合意された価値があると前提することだ。

　興味、関心、欲求を強調する日本の幼児教育は前者の立場と考えられるが、しかし、その仮定は、何の方法も伴わぬ願望にしか過ぎない。

　第二の場合なら、人間関係などかかわりなく、強引に押しつければよいのだが、人間社会が、今の時点を理想とするとは、誰も考えるまい。あるいは、あらゆる規定性を無視し、一人の主観的理想の中の規範として押しつけることも可能かもしれぬ。

　だが、この両者の仮定も不十分である。教師は、子どもにとって教師一般ではない。その特定の人間の提供する規範や価値を受け入れるには、当然、前提として基盤となる人間関係がなければなるまい。これは、互いを受け入れる肯定的な関係でなければならず、母一子の愛着にも似たものを必要とする。選ばれた社会的関係であるが故に、まったく異質な面を有するのだが。

　アメリカでは、母一子の次は兄弟の関係がくると考えられる。この兄弟関係に対等な全ての関係を含んでしまう。

　対立する社会主義国においても、子ども一子ども関係のもつ能動性が中心的に取り上げられることはない。教師の強い指導性を中心に置くところに、その特徴があると考えられる。

　こうした中では、おとな一子どもの依存関係に対して葛藤を生じさせる新しい価値は、兄弟関係がその基盤を準備しているか、あるいは、教師の強い指導力で与えるかする他ないことになる。こうして、父親が強調されたり、他方、社会そのものが強調されたりすることになる。

　しかし、一人の人間が成長する過程で、その当初から社会全体を視野に収められるものではない。あらゆる指導によって、孤立したまま、個体が統合し得る段階に従って社会が媒介されていくと考えてはなるまい。ここにあるのは、機械的条件づけに過ぎない。しかし、子ども一子ども関係を考えぬ限り、そうならざるを得ない。

　近代の各分野の、統合を認めぬ独自性の主張も、このことと無関係ではない。

統合を認めぬ性向から生ずるのは、人工に無限の可能性を見ることだ。

こうして、子どもは、人工的に都合よく人格形成可能であり、知的にも方向づけ発達させることが可能だと考えたところに、おとなと子どもの境界の消失の一つの因があったのだ。子どもが、子どもの世界を奪われてしまったのだ。おとなの世界で、不満をいだきつつ、生活する他あるまい。

2　子どもは制限されている

人工の世紀は破産する。公害、資源の枯渇、生態系の破壊、この行きつく宿命性が、人工の世紀の破産の証拠でもある。森を切り、野を焼き、一望の麦畑にしたとき、それは豊かな実りではなく、復元の方途のたたぬ膨大な砂漠をもたらした。

森と小川、草原と湖沼、こうしたもののもつ制限を認めなければならぬ。六十年代の混乱は、破壊の後の創造への絶望がもたらしたものだ。それは、人工万能の精神の絶望であった。今、新しく、宿命的制限を考慮する立場が認められねばならぬ。これは、生得的制限の環境に対する対等な立場の要求と、その両者のもつ制限性について明らかにすることの要求でもある。

子ども―子ども関係を考えぬということは、上記で破産した不毛の経験論と、中枢による無限の学習という考え方に戻ることになる。子どもは、子ども―子ども関係の中で、その関係の基盤たる集団の相互交渉が統合をなし得るとき、それを、自分の社会とするのだ。

この集団は、各個が全体を把えることの可能なものでなければならず、いかなる水準であれ、内容であれ、分離部分を有してはならないものである。子どもに媒介可能なのは、この子どもの社会において具体化なし得るものだけなのだ。

この関係こそが、依存関係と葛藤を生じさせ、各個を自立させる基盤となる。これは、おとなと、明確に境界をもつものでなければならぬ。

3　子どもは子どもである

個々人が生得的制限を有する。しかし、それによって直接社会と交渉することはできぬ。人類史のどの段階であれ、幼児は幼児であった。成人に比すれば、決して一人前の働き手ではなかった。そして現代は、成人とて社会全体を視野に収められるのだろうか。

個々の制限が集団を組織し、その集団によって媒介される社会と交渉しつつ、

その集団を発展させる中で発達していくと考えるべきだ。この集団は、見通しをもった成人の手によって、社会が媒介されていく。

　子どもは子どもである。おとなの真似させる必要などない。おとなの活動とはおのずと区別されなければならぬ。

　オーケストラの真似を、安物の簡易楽器で行なう必要などあるまい。オーケストラすら、人類史では、最早、過去のものとも考えられる。

　詩を作る、作曲をするなどもそうだ。するならば名詩を暗唱し、名歌をうたえばよい。そまつな真似事は、かえって感性を低いものにする。

　レビューまがい、芝居まがいの安直なにせ物を、無理して教え込む必要はあるまい。振付舞踊、お遊戯会、全部要らぬものだ。

　おとなの文化の安直なまがい物を、何故与える必要があるのか。

　女児の下着のレース、幼児用化粧品、ネグリジェまがい、バラエティーショーまがいの幼児番組、何もかもがそうだ。一人前の働き手どころか、そこからはるか遠い者を、消費者として社会に取り込む必要などあるか。現在の若者のまがい物志向もここに原因があるのではないか。

　境界が越え難いかのようにあるとき、始めて成長が意味あるものになる。4歳児と5歳児の園生活における境界も必要だ。

　わらべうたは児戯だ。児戯でしかない。しかしおとなの世界の何の真似でもない。境界を明確にするに、これ程ふさわしいものはあるまい。これこそが幼児のものであり、唯一のものなのだ。

おわりに

　集団を強調してきた。しかしここには、さまざまな問題がある。個々人の発達差、環境による個人差、望ましい規模に構成し得るか、その他である。

　ここで、一人ひとりに細かく世話を焼くことが、教師の仕事であり、集団の困難を解決する道だと考えたら、再び、無限の人工の可能性を承認するという落し穴に陥ることになる。

　いろいろな子どもがいて、いろいろな交渉があり、いろいろな見方を受け入れ、柔軟な自己を形成するためには、より大規模(といっても限度がある)な集団における相互交渉を多様に展開させることだ。これが、上記の困難を解決す

る唯一の道である。

　こうして育つ子どもたちにとって、わらべうたが音楽教育の始まりとして唯一のものだということは、くり返す必要もないであろう。

わらべうたによる音楽教育とクラス集団

鈴木　敏朗

はじめに

　子どもは、子どもの世界にしか存在し得ぬものであることを前論で述べた。子どもの発達のために集団が必要だという程度の問題ではない。集団なくして、子どもは一人前の子どもとして生活することが不可能なのだ。
　わらべうたの音楽教育を主張するにあたって、この集団の問題を、もう少し掘り下げてみる必要がある。以下は、そのための小論である。

1　同年令集団

1　兄弟と地域集団について

　同年令集団の評判がよくない。青少年の社会通念から逸脱した行動の原因を、すべてこれに帰する論議もある程である。しかし、そこまで主観的な思い込みを表明せずとも、同年令集団が、教育の便宜上構成された人工的なものだと考える人びとは、少なからずいる。
　諸科学が、多様な条件を踏まえつつ理論を構築しているとき、教育の現場が、単純な経験主義か素朴な常識によって動くことの多いのは、よく知られているところだ。同年令集団についての、それ程根拠のない疑問を受け入れてしまう素地は十分にあると考えていいであろう。
　クラス解体、立て割集団、オープンコーナー、総合活動などが主張される点からみても、上記のことはうなづける。これら、同年令集団の機能を考慮することのない主張は、次の三つの根拠に立つことが多い。
　兄弟姉妹が少なくなったか、一人っ子が多くなったことにより、兄弟学習の機会がなくなってきた。それに代るものとして、異年令の集団が必要だというものがある。
　二は、社会変化に伴う諸事情によって、地域社会における子ども集団が崩壊してしまった。そのことにより、異年令集団における学習が困難になった。それに代るものを、幼児教育のなかに作り出そうとするものである。

その三は、同年令集団では、思いやり、弱い子どもに対する世話、長幼の序、礼儀、年長者に対する敬意、こういったものが学べぬとするものである。上記を、全て異年令集団における学習だと考えるところに、人びとの対等な関係を認めぬ、上意下達思想が表われている点については、口をぬぐったままである。
　しかし、上記の諸点を、同年令集団の機能を否定する根拠にするには、少からぬ弱点がある。
　欧米の人間関係の主張における兄弟は、対等な人間関係を意味している。その子ども―子どもの対等な関係が、主要な生活の場にいつも身近にあって、その関係を必然的に学習してしまうということなのだ。このときの大きな問題点は、子ども―子どもの関係が存在するところが、子どもにとっての主要な生活の場だと考えぬところにあるのだ。つまり、兄弟関係という主張は、場としての子ども―子ども関係(集団)を、まったく考えていないのだ。これは、決して、年令の異る子ども同士の関係を意味するものではない。
　さらに、兄弟がおらぬなら、兄弟関係を学習する必要はあるまい。それは、兄弟の中で生きるために、必然的に必要とされたものであるのだから。
　地域集団については、もう少し詳しく考えてみる必要がある。地域集団の成立が、まず、一定の歴史社会的条件に規定されていることをおさえておく必要があろう。子どもは、人類史の始めより地域集団を構成していたわけではない。そして、ある条件のもと、子どもたちにとっては、所与のものとして形成されていくこととなった。
　この意図的媒介のない集団は、自然法則ともいうべき、単純な弱肉強食の構成原理をもってしまう。この原理が重要だと考える俗説も、強い力を持っている。その上、個体が生き続けることそれ自体が、他へのある種の残酷さを持たぬわけにはいかぬことも、確かだ。しかし、まず、この単純な集団は、必然的にそれに見合う単純な水準でしか、社会を媒介しない。また、弱肉強食の原理は、その諸関係にしたがって、社会を媒介する。
　この単純な人間関係は、硬直したものであり、結果、個々の人格も硬直したものになる。単純であることが硬いのは当然であり、さらに弱肉強食が、その硬さの内容となる。こうした水準の子ども集団は、排他的かつ独善的人格を作り出す。社会がそれで間に合う水準にある間だけ、有効なものであるといえよ

う。

　さらに、兄弟関係同様、地域集団が崩壊したら、そこにおける学習など、わざわざする必要もあるまい。人間関係すら不要になったと考える方が、ずっと筋が通っている。

　第三の考え方に対する反論は、同年令集団に対し賛成する者も反対する者も、これまでにたったの一度でも、まともな集団を作り得たことがあるのだろうかと問うてみることである。子どもたちにどんな仕組(機関)を与えたとて、それで集団が構成できるわけではない。現場の考え方は、恐るべき単純さの方向へ進み勝ちなことを考えれば、もし、成功せぬからといって、それを同年令集団のせいにするわけにはいかぬだろう。

2　子ども集団と児童文化

　同年令集団は、便宜的、人工的なものか、このことを考えるのに、アフガニスタンの子どもはわらべうたを持たぬという報告(藤井知昭)が有効である。

　一つは、早くから労働力として期待されるということが原因となっていよう。ここで重要なことは、おとなが目的を持つ労働に就かされることで、子ども集団を形成する時間が奪われるということではない。労働におけるおとな－子どもの対比によって、否応なく子どもたちは自分が半人前にも足らぬことを知らされる。遊びの世界で子どもが一人前だとしたら、半人前以下意識を精神の基盤とする場合、それはひまつぶしにしか過ぎないであろう。このことが重要なのだ。

　二つは、生産性は自然条件にのみ規定されるものではないということだ。社会的発達と不可分の関係にあるのだ。自然条件に恵まれても、当座の必要を満たす以外の労働をせぬ場合がいくらでもある。この場合であれば、少なくとも人口は増加し、子どもの密度は増えるだろう。採集という単純な労働なら、子どもも早く一人前になろう。しかしこのときは、子ども集団を作るより、早婚によっておとなの仲間入りをしてしまう。児童文化が生ぜぬのは、貧しさばかりではなく、社会的発達段階も、未だそれを要求してはいないのだ。

　近代の学校は、社会適応が困難になったところから生じた。だから、初等教育が適応の最低限であるなら、次段階は職業教育であったのだ。これは、支配

層の教養のための学校と区別して考えねばならぬものだが。

つまり、社会的発展の結果、同年令集団に対する教育という方法をとらねば、適応すら困難になったのだ。同年令集団は、歴史の必然的結果として生じたものなのである。同様な意味で、地域集団もそうであるが、現在、最早、これによったのでは、適応にすら十分ではない。

こうして、児童文化が生じ、やがてはおとなの手によって作られる条件ができていったのだ。したがって、地域集団による自生的児童文化をも持たぬ社会における学校は、西欧近代をつぎ木した結果になるとも考えられる。

3　わらべうたと同年令集団

今日、我われが持っている莫大なわらべうたを生み出した子ども集団は、社会発展が必然的に生じさせたものであることはわかった。ここで、地域集団と同年令集団に社会的に異った意味が与えられるなら、わらべうたに代る教材をおとなの手で用意すべきだという主張も、出てこよう。この主張は既にある。しかし、わらべうたは、子どもが作った詩、描いた絵、作曲した歌とは、本質的に異る。

子ども集団における相互交渉の内容をなすものとして、子ども集団のある段階の複雑さが生み出したものなのだ。しかもそれは、その時点での最高水準に至る全発達過程に対応するものが用意されている。さらに、自然発生的集団が持つ無自覚さが、社会を反映することでかかえた矛盾を越える文化をも形成しているのである。

わらべうたを否定する意見には、破壊の臭いがある。しかし、完全な破壊のあとに残るものはない。それより、現在、我われのかかえる矛盾を越えることのできる文化を生み出せるかどうかの方が肝心なのではないか。

2　子どもの生活の場

1　生得的規定

発達を、単純に生得的なもの、環境的なもの、あるいは両者の輻輳と、こう簡単に把える者は、まずいないと考えてよいだろう。現在では、誰もが相互交渉説である。現場は単純であり、実際には、いまだ生得、環境を簡単に考えているかに見える言動が多々あるのだが、この点は、個々人の学習に待つ他はな

いのかもしれぬ。

しかし、相互交渉説も、実際には、生得説か環境説かへ片寄りをもったものが多く、両者の規定性を具体的に検討しようとするものは、見当らないようである。とくに教育が、環境の側から発達を見たものであるが故に、そこでは、環境、したがって経験、学習を発達の主要因と考える向きがあるようだ。

しかし、最近の研究は、人間の発達において、生得的規定性が、考えていたよりずっと厳密かつ大であることを証明している。その規定性が統合することを可能とする環境のみ、自己の内に構造化することが可能なのだ。

現在の複雑な社会と、人はその誕生より直接相互交渉することは、上記の生得的規定性からも不可能である。各個にとって、社会を間接的過程とする以外に、発達の道はないのだ。これをなすものが、同年令集団、クラス集団なのだ。

有機体として統合されているということは、独立して機能するということであり、発達の各段階が、この独立性の水準を示すものであるなら、各個が独立して機能する場を持たぬ限り、発達はあり得まい。だが、集団がこの働きをもつとはいえ、一定の複雑さの相互交渉が保障されぬ限り、その集団自体が、外部世界に対する相対的独立性を持ち得ない。母―子関係では、もっぱら母が、この複雑さを担った。幼児集団では、教師がその大半を担うものでありながらなお、一定以上の複雑さが必要である。さらに、相対的独立性が得られぬ限り、そこにおける各個の相対的独立性も保障されないのだ。

この複雑さは、同年令集団にあって始めて可能となる。これがクラス集団である。

2 集団の規定

集団の水準は各個の規定性により、各個の規定性はまた集団によっている。教師はこの集団に社会を選択、変形して媒介するのであるが、この媒介に対しても、集団が規定性をもっている。

集団が作られたからといって、いかなる水準のものも教えることができるというわけではない。その集団における相互交渉が内容とすることを可能とする範囲に限られるのだ。これが集団の規定である。

結局、幼児は、今せねばならぬある水準の活動があると同時に、決して今してはならぬ水準というものがあると考えねばならぬ。ある分野の成就の度合を

はかる尺度は、決して発達をはかる尺度ではないのだ。

　これは次のことを意味している。集団とは、社会を媒介するものであると同時に、子どもたちにふさわしくない情報から、各個を守るものでもある。

3　子どもが主導権をもった生活

　子どもがおとなとあるとき、その生活は依存的にならざるを得ない。それ以外の生活を持たぬなら、その中で独立性を主張しようとするであろう。そこに、現在の青少年の諸問題を考えることもできよう。

　子どもが主導権をもって生活するのは、子どもの社会においてである。だからこそ、そこにおける価値を、自分の価値として受け入れるのだ。そこでの中心的活動が遊びであり、これこそが、幼児の発達を導く活動だとする主張は多い。これは、同時に、ある側面が跛行してしまうことで全体的人格を脅かすことから守る働きもするということなのだ。

　長時間過す同年令集団は、子どもの主要な生活の場であり、そこでするわらべうた遊びこそが、発達に資する真の音楽的経験となるのだ。

3　器楽合奏について

　協力、役割など、集団が育てるべき諸点が育つと主張する器楽合奏については、上記の観点から、どうしても検討する必要があろう。

1　幼児は楽器遊びが好きか

　多くの教師が口を揃えて、子どもたちは楽器遊びが好きだという。それに対するどんな反論にも、でも好きですと断言して答える。子どもたちに担任についての感想を聞くと、意地悪、ヒステリ、無表情、わけがわからないなどと酷評することが少なくない。こんな酷評される教師が、よく、子どもは何々であると断言するのだ。

　手の届くところにあれば、手にとってもいいのなら、鳴らすぐらいのことはするだろう。喜んでやっているように見えないこともないだろう。しかし、自己の狭い経験から一般的な命題を簡単に引き出されると、その教師と幼児との、個別具体的な関係が疑われてくる。

　こんなことを断言し、それを確信し、全てをそのいわれなき確信の上に組み立てる音楽の指導者が、これまた多い。

幼児は音の出るものをとても喜ぶという日常的経験から、楽器を奏するのが好きと断言し、その上に膨大な器楽合奏指導を組み立てた例もある。その中には、他にもいくつかの確信が表明され、幼児に楽器を自由に打たせ親しみを感じさせると音に対するあこがれを持つというくだりもある。

他に次のような例もある。欲望のはけ口を発音物体に向ける場合は、打楽器にとびつくから、打楽器は自己表現のためのものだというのである。這い始めた子どもは這うのが好きだから、それは子どもの自己表現であるとでもいっているようだ。

もっとも、音の出るものが好きで、欲望のはけ口だから、玩具に楽器を加えろというのなら、少しはわからぬこともない。それから器楽合奏をしようというのが不思議である。器楽合奏となれば、あれこれの楽器を扱う要素的技術も必要だ。旋律も欲しくなれば、管のついたハーモニカとオルガンの合いの子も必要となるところまで行くだろう。

合奏の水準を上げようとすれば、訓練が増える。現実に、子どもたちは苦痛以外の何ものでもなくなっている。幼児は、本当に楽器遊びが好きなのだろうか。

2　協力が身につくか

さすがに、当事者も音楽教育とはいいにくいらしく、全員が、集中力が育つ、協力心が育つという。おかしなことに、自由に伸び伸び派で、少しでも集中させようとすると、顔色を変えて反対する教師までが、器楽合奏では、集中力がつくなどという。

幼児が楽器に向かって行動しているとき、そこから発せられる音を媒介に他者と協力するなどという高次なことができるのだろうか。協力なら、机を一緒に持ち運ぶ方が、余程簡単にわかるのではなかろうか。

楽器を奏するというのは、音楽的経験を重ね、音のイメージが描けるようになり、自由にうたうことができ、やがてうたえる以上の音がイメージされ、それらを対象化するための技術を修得し、楽器に対する行動のイメージを描き、楽器の音と自分の行動との関係を予測し、イメージに従って自分の行動をコントロールしながら奏することなのだ。これをもって、他者と音楽的に協力しつつ合奏し、その全体像の中の自分の役割をフィードバックして調整することが、

幼児にできるというのだろうか。

　だいたい、行動調整すら、教育目標に考慮することが殆どない。行動調整、抑制があれほど身につけることの困難な能力だとわかっているのにである。

　自分の声と、自分のからだを用いた長い音楽的経験があって、やがて内化した音が次の表現に向かって、声やからだの可能性を越えた技術的要求をしたとき、身体の延長として楽器が生じたのだ。目の延長である望遠鏡、顕微鏡と同じ意味をもつものなのだ。

3　現寸大の世界

　現寸大の世界を欠いた顕微鏡に何の意味もあるまい。それどころか、顕微鏡の世界を現寸大と思い込んでしまえば、有害でしかない。現寸大の世界と、顕微鏡の仕組みと、そして何より、顕微鏡で見ようという必然的条件があって始めて、見ることが意味をもつのだ。

　現寸大の経験とは、各個が独立してする自分の身体を用いた音楽的経験である。これは、子ども集団の中でするものでなければならず、その相互交渉を構成するものでなければならない。

4　分析と総合

　幼児は、要素を総合してまとまった世界を構成するのが苦手である。器楽合奏は、この総合のための膨大な能力を要求することになる。まず、要素に分けることが先なのだ。

　子ども集団でする活動であれば、それはいつでも、まず総合した全体としてなされるだろう。そこには、難しい総合の能力は、取りあえず要求されない。

　結局、教えさえすれば子どもはどこまでも学習するものだと信じ込んでいるのだろう。そのためには、教え方と教材さえ工夫すればいいのだ。何をどう教えるかが、子どもをどんな人間にもすると、あたかもこう考えているかのようだ。

　集団についての検討は、上記のことを否定している。いまや、教えさえすれば無限に学習するという証拠はどこにもない。

　わらべうた遊びであれば、協力は、遊戯の形で現実に眼に見えるものでもある。集中は、自分が主人公だという最も興味深い世界において、その世界をより美しく、より楽しく作り出すために発揮されている。総合的な活動は、後の

分析のために全ての材料を揃えている。

活動は直接的だ。自分の声、自分のからだによる行動が他者と照らし合わされる。合うか合わぬかも一目りょう然だ。そして、これ程の活動が、何よりも易しくできる。それをより美しく、楽しくすることはそれ程易しくはない。しかし、不可能ではない。

おわりに

結局、集団についての検討が、さらに、幼児の音楽教育をわらべうた遊びで始めねばならぬことを示すこととなった。

この集団とは、同年令のクラス集団が基本であり、その規模と複雑さについて、一定以上であることが必要とされるのだ。

わらべうた遊びによる音楽教育についての不安は、解消し得たものと思われる。なお、非常な成功を収め、音楽学校における西欧式基準にもかなう卒園児を輩出させている実践が、現実にあることをつけ加えておく。

遊びと合唱 幼児から小学生へ　**わらべうたによる音楽教育**　　　　　定価（本体1500円＋税）

編著者	本間雅夫・鈴木敏朗　共著
発行日	1998年4月30日　第1刷発行
	2002年5月10日　改訂第1刷発行
	2024年2月28日　改訂第10刷発行
編集人	真崎利夫
発行人	竹村欣治
発売元	株式会社自由現代社
	〒171-0033 東京都豊島区高田3-10-10-5F
	TEL03-5291-6221/FAX03-5291-2886
	振替口座 00110-5-45925
ホームページ	http://www.j-gendai.co.jp

皆様へのお願い

出版物を権利者に無断で複製（コピー）することは、著作権の侵害（私的利用など特別な場合を除く）にあたり、著作権法により罰せられます。また、出版からの不法なコピーが行なわれますと、出版社は正常な出版活動が困難となり、ついには皆様方が必要とされるものも出版できなくなります。私共は、著作権の権利を守り、なおいっそう優れた作品の出版普及に全力をあげて努力してまいります。どうか不法コピーの防止に、皆様方のご協力をお願い申し上げます。

株式会社　自　由　現　代　社

●無断転載、複製は固くお断りします。●万一、乱丁・落丁の際はお取り替え致します。

ISBN978-4-7982-1102-2